Serie | LIBROS DE LA
HOMENAJES | ACADEMIA

JOSÉ TAMAYO: EL GRAN INNOVADOR DE LA ESCENA ESPAÑOLA

Edición Antonio Castro y César Oliva

(Homenaje celebrado el 28 de febrero de 2024 teatro Bellas Artes)

ACADEMIA
ARTES
ESCÉNICAS
ESPAÑA

Edita: Academia de las Artes Escénicas de España

Imprime: Cromograf Presscorp

ISBN: 987-84-18679-15-5

ISBN libro digital: 978-84-18679-18-6

DEPÓSITO LEGAL: M-11024-2024

Madrid, 2024

Academia de la Artes Escénicas de España
C/Abdón Terradas, 3 28105 Madrid

Agradecimientos

Al Centro de Documentación de las Artes Escénicas
y de la Música (CDAEM) por la cesión de fotografías
de sus fondos.

A Enrique R. del Portal, por la cesión de fotos.

A Celsa Tamayo por la documentación aportada.

A la empresa Pentación por la cesión del Teatro Bellas Artes.

A todas las personas que participaron desinteresadamente
en el homenaje.

Junta Directiva de la Academia de las Artes Escénicas de España

Presidenta
Cayetana Guillén Cuervo

Vicepresidente 1°. Departamento Económico
Eduardo Galán Font

Vicepresidente 2°. Departamento de Estudios y Actividades
César Oliva Olivares

Vicepresidenta 3°. Departamento de Régimen Interno
Carmen Giménez Morte

Vicepresidenta 4°. Departamento de Premios y Distinciones
María López Insausti

Secretario General
Eduardo Vasco San Miguel

Tesorero
Nicolás Fischtel Boudeger

Vocales

- Antonio Fernández Resines
- Guiomar Fernández Troncoso
- María del Pilar Jurado Ruiz
- Ana Labordeta de Grandes
- Carmen Márquez Montes
- Carlos Morán Asostegui
- Adriana Ozores Muñoz
- María Pagés Madrigal
- Lluís Pasqual Sánchez
- Helena Pimenta Fernández
- Antonio Rodríguez Najarro
- Rodolf Sirera Turó
- María Dolores Vargas-Zúñiga Ceballos-Zúñiga

19 · 02 · 24

TEATRO BELLAS ARTES
19:00 H

ACADEMIA
ARTES
ESCÉNICAS
ESPAÑA

ACTO DE HOMENAJE

JOSÉ TAMAYO
(1920 - 2003)

EL GRAN INNOVADOR DE
LA ESCENA ESPAÑOLA

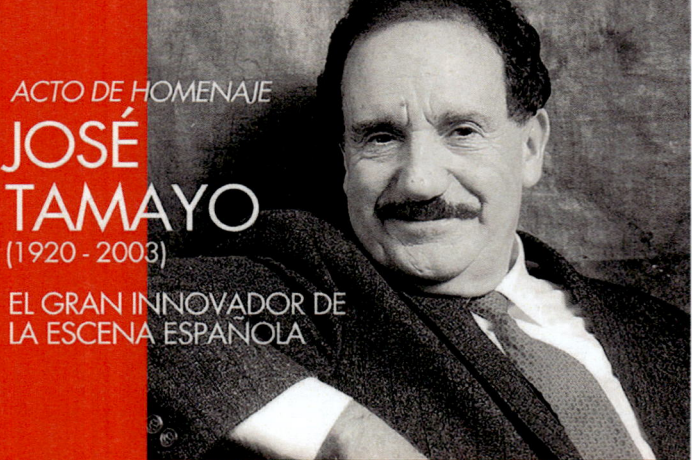

CON LA INTERVENCIÓN DE

ANTONIO AMENGUAL
SONSOLES BENEDICTO
ANTONIO CASTRO
JESÚS CIMARRO
GEMMA CUERVO
ENRIQUE DEL PORTAL
CAYETANA GUILLÉN-CUERVO

ANTONIO MEDINA
JULIO MORALES
PEDRO MORENO
CÉSAR OLIVA
MARÍA RODRÍGUEZ
PEDRO MARI SÁNCHEZ
CELSA TAMAYO

Índice

PRESENTACIÓN

Presentación, por Jesús Cimarro y César Oliva.................. 13

Saludo de la Presidenta, por Cayetana Guillén Cuervo........ 17

CONTRIBUCIONES EN EL HOMENAJE

De Granada a Madrid, por Panchi Tamayo 21

El espectador de la fila 7, por Natalia Guillén Cuervo.......... 25

Subía y lo hacía, por Sonsoles Benedicto 29

La inquietud, la inmensidad, el prodigio,
    por Antonio Medina...................................... 33

Llámame Pepe, por Pedro Mari Sánchez 37

El gran creador, el gran innovador, por Antonio Amengual .. 41

Recuerdo de José Tamayo, por Enrique R. del Portal 47

Mi amigo José Tamayo, por César Oliva 53

José Tamayo S.L., por Antonio Castro................................ 69

La zarzuela en el homenaje 87

ADHESIONES

Seis años con don José, por María Dolores Font Marco...... 91

Una llamada desde Madrid, por Ángel Fernández Montesinos. 99

El juego del abanico, por Milagros Martín........................... 101

Mi debut en la Antología, por Margarita Marbán................. 105

Entusiasmo contagioso, por Silvia Marsó 109

Tamayo en mi vida teatral, por Juan Meseguer 113

Del kiosco al teatro, por Lola Hisado 117

Long live Scotland!, por James Bartek 123

Cronología de José Tamayo 131

Fichas de obras 143

Índice onomástico... 151

Bibliografía básica 157

PRESENTACIÓN

Participantes en el homenaje: De pie, César Oliva, Natalia Guillén Cuervo, Antonio Medina, Sonsoles Benedicto, Celsa Tamayo, Jesús Cimarro, María Rodríguez, Antonio Amengual. Delante, Enrique del Portal, Pedro María Sánchez, Antonio Castro y Julio Morales.

PRESENTACIÓN

César Oliva y Jesús Cimarro, empresario del teatro Bellas Artes.

Jesús Cimarro

Buenas tardes, señoras y señores, bienvenidos al Teatro Bellas Artes. Me presento, soy Jesús Cimarro, director de este teatro, de este maravilloso teatro. Me acompaña César Oliva, vicepresidente de la Academia de las Artes Escénicas de España, entidad que organiza este homenaje al fundador del teatro Bellas Artes, José Tamayo, promotor de otros muchos eventos y con una actividad profesional de gran importancia.

Voy a ser muy breve, simplemente, en primer lugar, quiero agradecer a la familia Tamayo, a Panchi y José Luis y a María Celsa, viuda de Ramón Tamayo, su presencia y apoyo para la realización de este acto-homenaje. Quiero sacar aquí el nombre de Ramón Tamayo porque es la persona que me alquiló el teatro en el año 2005 para que lo gestionara después de la muerte de su hermano, José Tamayo. Por eso mismo, es una persona que ha estado muy cerca, muy muy cerca, durante toda la trayectoria de José Tamayo. Yo reivindico su nombre y creo que se merece, al igual que el de José Tamayo, al que pido un fuerte aplauso. Y a ustedes les deseo que disfruten de este homenaje, porque los homenajes son para disfrutarlos y, en este caso, para admirar la labor que llevó a cabo José Tamayo. Muchísimas gracias.

Don José Tamayo saludando a S.M. el rey Juan Carlos I. 1987. Archivo de J. Bartek.

César Oliva

Buenas tardes. Quiero recoger algunas de las palabras que ha pronunciado Jesús Cimarro, por ejemplo, las de agradecimiento a la familia Tamayo, a Celsa, María Celsa y a José Luis, que están aquí y que desde que nos pusimos en contacto con ellos, desde la Academia, para comentarles que estábamos pensando en hacer un homenaje a José Tamayo, a los 20 años de la muerte, pusieron todo el entusiasmo y todo el empeño en que lo hiciéramos. Hablo en ausencia de Cayetana Guillén Cuervo, nuestra presidenta, porque a su habitual apretada agenda le han añadido una doble grabación de televisión, hoy lunes, que no tenía prevista. Nos hablará enseguida a través de la pantalla, cosa que a ella se le da estupendamente. Así que me compete dar la bienvenida a todos aquellos que estáis aquí, en este emblemático teatro Bellas Artes, para honrar, por supuesto, no sólo recordar, sino honrar, la figura de don José Tamayo, con el que yo también tengo una deuda de amistad.

El homenaje está dentro de una de las iniciativas que lleva a cabo la Academia de las Artes Escénicas de España, relacionadas con el tema de la memoria histórica: recordar y evocar a nuestros grandes creadores. Por el hecho de celebrar aniversarios de la desaparición de grandes hombres y mujeres de nuestra escena, empezamos por Adolfo Marsillach y Manuel Collado, en el año 2022. En esta ocasión, añadimos a nuestra lista de reconocimientos a José Tamayo. Y estamos preparando algún que otro recuerdo u homenaje a distintas personalidades, porque en esta profesión nos olvidamos demasiado de nuestros antecesores. Y eso es un tema fundamental para quienes tenemos una cierta responsabilidad, sobre todo, desde la Academia. Debemos recordar a aquellas figuras que fueron emblemáticas y que supusieron un avance para la escena española. Por eso estamos aquí recordando hoy a don José Tamayo. No me extiendo más, porque enseguida vamos a empezar a oír las intervenciones de personas vinculadas a don José Tamayo.

Empezaremos escuchando a Cayetana Guillén Cuervo, Presidenta de la Academia.

SALUDO DE LA PRESIDENTA

Cayetana Guillén Cuervo
Presidenta de la Academia de las Artes Escénicas de España

©Omar Ayyashi

Buenas tardes. Soy Cayetana, la orgullosa presidenta de la Academia de las Artes Escénicas de España. Os doy la bienvenida y las gracias por estar aquí, en este homenaje a nuestro querido José Tamayo, una figura fundamental de nuestros escenarios. Gracias a Jesús Cimarro por abrirnos el precioso escenario del teatro Bellas Artes. Y a mi querido César Oliva, porque, como siempre, ha preparado este acto con todo el amor y toda la dedicación. No puedo estar ahí porque grabo esta tarde dos programas de *Versión Española*. Además, estoy representando estos días *Pandataria*, en Teatros del Canal, y no ha habido manera de combinar esta actividad con estar ahí. A cambio, está mi hermana mayor, Natalia Guillén Cuervo que, en representación de la familia, va a contar un montón de hechos y anécdotas sobre Tamayo, personaje al que conocimos muy bien toda mi familia. Un beso muy grande a los presentes, y gracias por venir.

CONTRIBUCIONES
EN EL HOMENAJE

José Tamayo con doña Pepa, su madre, y la cantante Selica Pérez Carpio.
Archivo de la familia Tamayo-Sthole.

DE GRANADA A MADRID

Por Celsa Tamayo

Pianista

José Tamayo con su hermano Ramón, su cuñada Celsa Sthole y sus sobrinos nietos José y Marina. Archivo de la familia Tamayo-Sthole.

Esto es como cuando le dan a uno el Goya, que, en primer lugar, se procede a los agradecimientos. Por eso los doy, en primer lugar, a la Academia, que ha organizado este homenaje a José Tamayo, que se ha acordado de mi tío. Y, además, hacerle un homenaje en este teatro. Les voy a contar una anécdota sobre el Bellas Artes, ahora que está aquí mi madre. Este local, que lo montaron entre mi padre, Ramón, y mi tío, antes de ser teatro de Bellas Artes era una bolera del Círculo de Bellas Artes. En los momentos en los que se estaba transformado en lo que ahora es, una señora que vivía en nuestra casa recibía recados telefónicos. Cuando llamaba mi padre, decía: 'Señora, ha llamado el señor diciendo que está en la bolera, que le diga que no sé qué, que no sé cuántos'. Menos mal que mi madre sabía eso de la bolera. Siempre aparecía lo de la bolera. Un día, la señora, tan extrañada por tanto estar mi padre en la bolera, dijo muy suelta: '¿Qué eso de que el señor está siempre en la bolera? ¿Es que su marido no trabaja?'.

Repito mis agradecimientos, en nombre de la familia, de los que estamos aquí y de varios que no han podido venir. Aquí está mi madre, Celsa, representante de la primera generación. Estamos mi hermano José Luis y yo, de la segunda. Faltan José, el hijo de mi hermano, y mi hija Mariana, que, como buenos Tamayo, están trabajando, el uno en el cine; la otra en el teatro.

Quiero decirles que yo, a mi tío, le agradezco profundamente haber podido vivir y conocer el mundo del teatro. Un día, mi tío José llamó por teléfono a Granada, que es de donde somos, para preguntarle a mi padre, que había estudiado comercio, si quería venir a Madrid, con toda la familia, para llevar la parte económica de su compañía. Esa llamada cambió la vida de todos nosotros: de mi padre, de mi madre, de mi hermano y mía, porque nos vinimos todos a Madrid.

Por eso doy también las gracias a mi madre, porque, con tres años que yo tenía, me puso a estudiar piano por lo que he podido desarrollar una carrera artística en Madrid. Gracias a esa llamada que hizo mi tío a mi padre, he podido estar aquí, vivido y compaginado dos mundos, porque yo tocaba el piano, pero me gustaba el teatro.

Nunca supe cómo iba a compaginar la música y el teatro, hasta que a mi hermano, que es director técnico, le llamaron para que hiciera el equipamiento del Teatro Real, tras la última reforma. Entonces le pregunté: "Allí habrá pianistas, ¿no?". "Claro, bonita, contestó, pero que toquen ópera, no Chopin, ni Schumann, ni nada de eso". Viendo que por ahí no sacaría nada, hablé con una persona que estaba en el Teatro de la Zarzuela y me metieron de pianista del coro de la ópera, porque entonces la ópera se hacía en el Teatro de la Zarzuela, hasta que se terminara el Real.

En este patio de butacas del Bellas Artes he visto todo lo imaginable que ha pasado por su escenario, siempre como espectadora VIP. Estuve aquí en muchos ensayos, en lecturas de textos, con el privilegio que me daba el ser sobrina de José Tamayo e hija de Ramón. No tendría tiempo suficiente para poder agradecérselo a los dos.

Para terminar, quiero deciros que yo recuerdo a mi tío de niña como una persona entrañable, una persona que estaba en el teatro, que iba y venía y que nos hacía los nacimientos navideños en la casa de Granada. Solo puedo agradecer a mi tío la persona que yo soy ahora, y la posibilidad de haber sido Panchi Tamayo en algún momento, y no la sobrina, la hija o la hermana de los Tamayo.

Muchísimas gracias, sobre todo, por este homenaje.

EL ESPECTADOR DE LA FILA 7

Por Natalia Guillén Cuervo

Natalia Guillén Cuervo y Celsa Tamayo en el homenaje.

Mis hermanos, Fernando y Cayetana, se contagiaron de mis padres del virus del teatro. Yo, aunque no seguí ese camino, puedo afirmar que el teatro forma parte de mi vida. José Tamayo tiene muchísimo que ver con esa relación porque él supuso un antes y un después en la vida de mis padres. Tanto es así que fue creo que decisivo para la propia existencia de la familia Guillén-Cuervo. Para entenderlo: mis padres estaban en la Compañía Lope de Vega, en la que Fernando Guillén entró un par de años antes que Gemma Cuervo. Él estaba haciendo *Un soñador para un pueblo*, de Antonio Buero Vallejo, en Barcelona. Pepe Osuna, que era ayudante de dirección y muy amigo de mi padre, le dijo un día: 'Va a venir una chica, que han contratado porque procede del Teatro Español, y que es monísima, monísima y estupenda. Ya verás. Te va a encantar. A ver si te vas a enamorar de ella…'". Contaba mi padre que se rio ante esa suposición. Pero, efectivamente, se enamoró. Pocos meses después hubo boda, y siguieron actuando juntos con don José. Estaban haciendo entonces con la Lope de Vega el *Enrique IV*, de Pirandello, en el Grec de Barcelona. Se casaron una mañana y esa misma tarde tuvieron que hacer la función. Así se trabajaba entonces. Como gran luna de miel se fueron a La Coruña, que era la siguiente plaza en la que tenían que trabajar. Lo original fue que el flamante matrimonio viajó en avión, mientras que la compañía iba en la Carlota, así llamaban al autocar en el que viajaba la Lope de Vega, verdadera segunda casa porque en ella recorrían España de Tarragona a Cádiz, de Cádiz a Coruña, de Bilbao a Granada… Allí estudiaban, ensayaban, jugaban a las cartas.

Ese fue el inicio de lo que ha sido la familia Guillén-Cuervo: en la Compañía Lope de Vega, con Tamayo presidiendo. Mi madre, que siempre fue impecable, dice que ella, antes de que los demás se despertaran, se colocaba la rayita en el ojo, se arreglaba el pelo… porque ella no iba a salir de allí con mal aspecto. Como decía, su segunda casa, la Carlota. Así que, el único extra de su boda fue ir en avión a La Coruña.

Como siguiente paso de la gestación de esa familia, también vinculado a Tamayo, nací yo. Nací en Barcelona, porque allí estaba mi madre, y allí se puso de parto. Mi padre estaba en el festival de Mérida, haciendo *La Orestiada*, con Carlos Ballesteros. Uno de esos recuerdos, que yo llamo prestados porque te lo han contado tanto que los has incorporado a tu propia memoria, se refiere a mi nacimiento. Según mi padre, hacía tanto calor en Mérida que, con sus compañeros, había ido a bañarse al río. De regreso hacia el hotelito donde se hospedaban se topó con los compañeros, que le gritaban: "¡Fernando, Fernando, que has sido padre!" Y ahí estaba con José Tamayo una vez más. O sea, con don José siempre presente en los orígenes de esta familia, por caprichos del destino, por el efecto mariposa, o como queramos llamarlo. Si no hubiera sido así, tal vez no hubiera existido la saga Guillén-Cuervo ni yo estaría aquí ahora mismo hablando. Me parece precioso que Tamayo siempre haya estado presente en mi familia.

Yo hablé muchísimo de José Tamayo, sobre todo con mi padre -no tanto con mi madre-. Él me contaba siempre muchísimas cosas. Tenía un muy buen recuerdo de cómo fue su gran escuela. Estuvo cuatro o cinco años seguidos trabajando con Tamayo. Entró en la compañía siendo un chaval y salió casado, padre de familia, colocado como primer actor y claro, con un espléndido bagaje. Como hacían repertorio, los actores adquirían una experiencia, unas tablas, una manera maravillosa de hacer teatro. Tamayo, además, tenía un no sé, como de muy muy audaz. Mi padre decía que el secreto de su éxito estaba en que era un espectador de la fila 7; que él veía los espectáculos, los concebía, como un espectador medio desde la fila 7, y así era capaz de llegar al público sin intelectualizarlos en exceso, aunque fueran grandes textos con los que siempre se atrevió. Innovó todo, desde los clásicos hasta Arthur Miller, al que trajo, como todo lo que hiciera falta traer. Pero es verdad que, al menos esa era la opinión de mi padre, la clave de su éxito para llegar a tanto, fue esa gran visión de lo que le podía gustar al público, de lo comercial. Ponerse ahí, en la fila 7, donde el espectador medio, para ser capaz de llegar al gran público.

Es un honor recordarlo hoy, y estar aquí representando a mi familia.

SUBÍA Y LO HACÍA

Por Sonsoles Benedicto
Actriz

Mesa redonda con Antonio Medina, Sonsoles Benedicto, Pedro María Sánchez y Antonio Castro.

Yo doy las gracias a la Academia de las Artes Escénicas de España por invitarme a este homenaje a don José Tamayo. Don José, el gran innovador del teatro, un personaje imprescindible para la historia del teatro en España. Abarcaba todos los géneros: la zarzuela, la comedia musical, el drama, teatro clásico, autos sacramentales, los griegos... bueno, hacía de todo y, además, lo representaba en cualquier sitio, en la calle, en las plazas, en los jardines de los palacios, en los lagos, como en el de El Retiro. Él plantaba el escenario en cualquier sitio. Se rodeaba de lo mejor. Los mejores cantantes, los mejores actores, los mejores técnicos, los mejores figurinistas, escenógrafos. Era muy exigente, pero él también se exigía muchísimo.

Tuve el primer contacto con él aquí, en este escenario, en este espacio, cuando se estrenó *Divinas palabras*, de Valle-Inclán. Me llamaron y vine. Estaba en la Escuela porque era muy jovencita. En *Divinas palabras* hacía una niña -niña con hábito, decía el papel- y tenía sólo una frase. Le decía al Baldadiño: "Laureaniño, ¿quieres un melindre?". Y el Laureaniño me contestaba: "¡Requeteleche!". Entonces, don José me dijo: "Tú, cuando te diga eso, tienes que salir corriendo y asustarte mucho". Esa fue la primera indicación que me hizo como director. Además de eso, yo hacía bulto en cualquier escena.

En aquella etapa yo absorbía todo como una esponja. Veía los ensayos y a él, cómo se movía, cómo dirigía a los actores..., actores que eran los mejores: Manuel Dicenta, Nati

Divinas palabras, de Valle Inclán, en la inauguración del teatro Bellas Artes, 1961.

Mistral, Alberto de Mendoza, José Sancho Sterling... Unos actores que igual ahora, a ustedes, ni les suenan. Yo tengo muchos años, y la mayoría de ellos ya no están. Pero, era ver a Tamayo dirigir, y a estos actores moverse, interpretar, con esas voces, ese calor, esa fuerza que se convertían en clases magistrales. Para mí era, pues, un descubrimiento notable.

Tamayo no era un director que te machacara. Te decía tres o cuatro cosas, pero te las decía tan directas y acertadas que no hacía falta estar ahí estrujándote, como muchos otros directores. Incluso él, cuando veía que no le hacías mucho caso, subía y te lo hacía. Te lo hacía tan bien que era un ejemplo maravilloso. Dentro de su personalidad, tan fuerte, era un hombre muy cercano con sus actores. Porque nos quería, nos quería de verdad.

Quiero recordar también, y hacer homenaje, a Ramón Tamayo, que fue la mano derecha de don José, y que llevaba toda la parte de producción, lo más difícil en empresas tan grandes como esta. Él fue un trabajador infatigable, que amaba mucho la profesión y, por consiguiente, a su hermano.

Para los dos, vaya mi recuerdo, mi admiración.

LA INQUIETUD,
LA INMENSIDAD, EL PRODIGIO

Por Antonio Medina

Actor

Los actores Antonio Medina, Sonsoles Benedicto y Pedro María Sánchez en el homenaje.

En 1961 se inauguró este teatro Bellas Artes con *Divinas palabras* y yo estaba en el reparto, como se puede ver en la fotografía que se exhibe en el vestíbulo. Cuando llegamos a ensayar, el Teatro ya estaba terminado, pero, si hubiera hecho falta, lo habríamos terminado nosotros. Fue una experiencia maravillosa y un descubrimiento. Yo ya conocía a Tamayo, porque había estrenado con él *La Orestiada*, en el Teatro Español. Para mí había sido un descubrimiento, saber cómo era este personaje como director, como hombre de teatro y como empresario. El hacer la función fue, pues, como casi siempre, muy difícil, porque Valle es muy difícil verdaderamente, y Tamayo tuvo la genial idea de contratar a Emilio Burgos, que era un decorador maravilloso, a Vitín Cortezo, que era un artista de primerísima categoría. Ambos hicieron un gran trabajo porque este espacio, que creía pequeño, ya que veníamos del Español, en manos de estos creadores, con ese talento sobrenatural que tenían, consiguieron que pareciera un gran escenario. Un escenario en donde había calles, en donde había rampas aprovechando la chácena, que es muy pequeña, pero que la sirvieron muy bien, y se hizo un espectáculo grandioso, que estuvimos haciendo mucho, mucho tiempo.

Se me ha ocurrido hoy, sentado en el patio de butacas, que aquí estamos los mejores, pues nos acordamos de Tamayo, y el que no se acuerde, peor para él. Yo creo que don José fue un personaje importante en el mundo del teatro. Un hombre moderno, que conocía el teatro desde siempre.

Tamayo era el maestro de la luz; conocía perfectamente el cuadro luminotécnico, iluminaba de memoria, subía y bajaba, de memoria también, la graduación de cada foco y la intensidad correspondiente, potenciando las medidas y la estética del decorado. Así era Tamayo en todo. Tenía una virtud muy particular que merece ser destacada. De cada obra estudiaba en profundidad, y destacaba, alguna determinada escena, que era piedra de toque y base temática de la aquélla, para unir y destacar lo más sobresaliente del espectáculo en general. En *Divinas palabras* era el momento en que se decía.

Qui sine peccato est vestrum primus in illam lapidem mittat
(Quien esté libre de culpa, que tire la primera piedra).

Todos intuían el significado y se asustaban ante la grandeza de esas divinas palabras, aunque no las conocieran. Decía Tamayo que "la gente de este país, nace, vive y muere en torno a la iglesia, y estos latines, desconocidos latines, impactan al más pintado".

En Tamayo había fondo, pasión, laboriosidad, talento y miles de virtudes, todas ellas creadoras. Y humor, mucho humor y practicidad. Un día me llamó a su despacho y, sin apenas pausa, me espetó: "Muchacho, ¿tú te sabes el Corifeo?". El Corifeo era un papel protagonista de *La Orestiada*, de Esquilo, que interpretaba majestuosamente José Bruguera, extraordinario actor catalán, que entonces era ya maduro. "Tamayo -respondí yo-, me sé toda la función porque me paso la vida entre cajas, pero, ¿no soy demasiado joven para hacer el papel?". "No importa muchacho, tú tienes una gran voz y como apareces en toda la obra con una máscara, nadie te va a pedir el carnet de identidad. Ensayaremos unos días y debutarás en el teatro Campoamor de Oviedo". Luego, tuvimos algún rifirrafe por el sueldo, pero debuté como primer actor. Qué cosas ¡a Tamayo con inconvenientes!

La titularidad que le dio a su compañía -Lope de Vega— abarca todo lo que pretendía para sus logros: inquietud, inmensidad y prodigio. Antonio Gallego Burín, profesor de la Universidad de Granada que llegó a ser alcalde de esa ciudad, le ayudó a la creación de la Lope de Vega. Tamayo era un gran maestro en muchas cosas, pero hay que destacar, siempre, su talento para las relaciones públicas y crematísticas. Frase lapidaria de José Tamayo: "Sacar dinero es una aventura que mide a los hombres que lo piden y a los que lo prestan". Él, al primero que le pidió fue a su padre, el primer José Tamayo. Le solicitó 50.000 pesetas, posiblemente parte importante de sus ahorros --los ahorros del padre, claro--, y el padre se las dio. Generosidad para considerar. El padre, panadero de profesión, era un ser grandioso también. Ese dinero sirvió para levantar el telón en el teatro Eslava de Valencia, en 1946, con *Romeo y Julieta*, de Shakespeare. Tamayo siguió pidiendo dinero a su padre, ayudado por su hermano Ramón, otro gran Tamayo, especializado en hábiles empresas teatrales que, posteriormente, fue socio de su hermano en múltiples facetas.

Y siguieron las andanzas, y las subidas de telón de la Compañía Lope de Vega por todo el mundo. *El caballero de Olmedo*, de Lope de Vega, fue representado en Nueva York, en el Teatro Lasta. A la pregunta de un periodista al ayudante de dirección, estudiante norteamericana, sobre sus proyectos en teatro la respuesta fue rotunda: "Me gustaría llegar a conseguir el talento y las virtudes creativas que tiene don José Tamayo". Tamayo recorrió el mundo entero con su Compañía Lope de Vega, y con la *Antología de la zarzuela*.

Tamayo era así: entrega, pasión, vida dedicada al teatro: autores que posteriormente se pusieron de moda en España, él los había estrenado ya: Arthur Miller, Max Frisch, Bertolt Brecht... Y todos nuestros clásicos, musicales y zarzuelas. Dirigió los teatros Español y la Zarzuela. Y tantas y tantas cosas que hizo, tantas que fueron mermando su físico pero que agrandaron su espíritu.

Gracias, don José, por ser un ejemplo para todos, gracias de corazón. ¡Ah! Un último apunte: las dos únicas personas que han tratado de tú a Tamayo son: mi colega Pedro Mari Sánchez, y Paco Valladares. Los demás, de usted.

LLÁMAME PEPE

Por Pedro Mari Sánchez

Actor

Pedro Mari Sánchez y Kiti Mánver en *Divinas palabras*. Teatro Bellas Artes. 1998.
©Daniel Alonso/CDAEM

Yo tuve la fortuna de conocer a Pepe Tamayo, a don José Tamayo, de niño. Había debutado en el cine con *La Gran Familia* (1962) y empezaron a llamarme para otros proyectos artísticos. Me lo presentaron un día. Recuerdo que me había llamado José Luis Alonso y que me llevaba, en aquel entonces, la *William Morris Corporation,* que hoy sigue siendo la más grande empresa de representación de Hollywood. Y me lo presentaron: "Mira, te vamos a presentar: éste es don José". "Hombre, te llamas como mi hermano", respondí. Y él dijo: "¿Sí? ¿Y cómo se llama tu hermano?". Contesté: "Pepe". Tamayo sigue diciendo: "¿Y cómo quieres llamarme tú?". Le digo: "Igual, Pepe". "Pues llámame Pepe", concluye. Yo iba a debutar con *Miles de payasos*, de Herb Gardner, junto a Francisco Rabal. La dirigía José Luis Alonso y se estrenaba aquí, en el Bellas Artes. Al ser yo tan niño y verle con tal familiaridad, no sé... no era consciente del respeto que se le debía, ni sabía quién era él realmente. No tenía referencias entonces, pero se estableció una cercanía y una confianza que se mantuvo a lo largo de los años. Siempre. Yo he llamado a Tamayo siempre Pepe; Pepe, con todo respeto, con todo cariño y sin ningún tipo de prejuicio a priori.

Este escenario me ha visto hacer la primera función de mi vida. En este teatro he vivido cómo salía detenido con otros compañeros actores durante la huelga de 1975. Esas interminables escaleras estaban llenas de policía armados con metralletas. Aquí he hecho de todo. Me ha tocado hacer Valle-Inclán, me ha tocado hacer Shakespeare, me ha tocado hacer Chejov. Ha sido extraordinario meterme en el teatro de Tennessee Williams, con *Un tranvía llamado deseo*. Yo no puedo más que decir que hay algo que se me ha quedado siempre grabado de él. Y que le echo de menos en el conjunto de la industria teatral. Entre la pública y la privada. Había una pasión en este hombre que transgredía todo lo que se podía imaginar. Hay que tener en cuenta que aquí, en épocas impensables, se hacía Ionesco, se hacía Beckett, se hacía Camus, Anouilh... Eso, en la historia del teatro de este país, es algo de una enorme significación. La cultura es la que conforma los países. La que piensa, la que moldea qué tipo de sociedad vamos a darnos. Y Tamayo está entre las personas que han generado lo mejor de este país.

Ese es mi sentimiento hacia él. Mi reconocimiento, que es mucho menos erudito que el de otros ilustres compañeros que están aquí, pero os hablo desde el corazón. Y desde el corazón digo que está en el mío, y en mi pensamiento, y mi reconocimiento sin fin a una figura tan extraordinaria como él.

Tamayo metió en un lío a todo el mundo. Metía a los bancos de por medio si hacía falta para llevar adelante un proyecto. Sacaba un teatro de donde no se hacía, como los autos sacramentales en la época de Calderón. Sacaba textos que no eran para llevarlos a la calle, pero los hacía. Los que eran para el exterior, los autos, los metía dentro. Era un tipo arriesgado.

A mí me recuerda mucho a otro gran personaje de esas épocas, que era Justo Alonso. Como eran empresarios, tenían fama de eso, de empresarios. Todo el mundo, cuando se hace empresario, entra en una delgada línea roja. Están en el difícil equilibrio entre el negocio y el arte. Tamayo y Justo Alonso pertenecían al mismo grupo, a esta misma raza metida hasta el tuétano con el teatro, con el arte, con pasión. Jesús Cimarro, otro empresario, tiene un legado maravilloso en sus manos, y espero que le vaya extraordinariamente bien. Es nuestra esperanza en muchas cosas.

EL GRAN CREADOR, EL GRAN INNOVADOR

Por Antonio Amengual
Productor y director

El productor y director Antonio Amengual con el tenor Enrique R. Del Portal.

José Tamayo me contrató, siendo yo un niño, para hacer una *Pasión* que montó en el teatro Fuencarral, antes de hacer su primer viaje a América. Ese teatro ya no existe. A su vuelta, el regidor de escena que tenía se quedó allí, y le dijo a Fernando Collado, que a la sazón es tío mío (o sea que los Collado y yo somos primos hermanos), que necesitaba un regidor. Mi tío le contestó que yo acababa de sacarme el carnet profesional a lo que Tamayo, repuso que era un niño; había hecho el Ángel de la *Pasión*. Bueno, replicó Collado, usted lo prueba y si no vale, no pasa nada. Y me probó. Eso fue para *La muerte de un viajante*, en el teatro de la Comedia, el año 1952. Y desde entonces, hasta que terminé por separarme de él, no estuve nunca ni un minuto fuera de la compañía.

Porque Tamayo, el gran hombre, el maravilloso hombre de teatro, el innovador, el todo…, para mí era como un segundo padre. Me ayudó… a casarme. Por cierto, *La Orestiada* debe de ser una cosa de casamenteros, por lo que ha contado Natalia Guillén Cuervo, porque en ese montaje también conocí yo a mi mujer.

REPRESENTACIONES ORGANIZADAS POR LA COMPAÑIA LOPE DE VEGA, CON EL PATROCINIO DEL EXCMO. AYUNTAMIENTO DE LA CIUDAD.

Hacía labores de reguiduría, de preproducción, de asistencia… y de buscar las masas de figurantes para sus espectáculos. Él conseguía las masas siempre hablando anticipadamente con quien hiciera falta, desde una autoridad militar hasta un obispo. O sea, en Mérida, figurantes de Mérida; en Sagunto, de Sagunto; en Barcelona, de Barcelona... Como anécdota recuerdo la primera vez que montó *La destrucción de Sagunto*, que tuvimos un problema con los voluntarios (o no tan voluntarios) para la figuración. Me dijo: "¡Cálmalos, cálmalos, que cuando yo llegue se arregla todo. Tú cálmalos!". Lo intentaba, pero aquello era una revolución. Llegó él en el coche, lo paró allí, delante del teatro, y dijo: "Ya estoy aquí para solucionar todos los problemas". Sorprendentemente, se acabaron los problemas. ¿Para qué había estado yo luchando?

En la *Antología de la zarzuela* hay un número muy famoso, que lo fue aún más tras el estreno. Es el *Soldadito español*, de *La orgía dorada*, de Jacinto Guerrero. En Madrid y en Barcelona se hizo con miembros del Ejército. Se pedía al Ejército que nos mandaran treinta soldados y una banda de música allí donde actuáramos. A mí me tocaba ir por delante a ensayar con los soldados y con la banda dos días antes de que llegara la compañía. Así lo hicimos en mil sitios. Otra anécdota de la *Antología*. Una vez, en Jaén, falló el Ejército; no aparecieron los soldados. Salí a buscar figuración sin ningún éxito. Así que cuando vi que no conseguía nada, vestí a los choferes de los camiones, a los maquinistas, a todo el mundo de alrededor para hacer el desfile famoso. Lo de don José Tamayo era otro mundo.

No hay palabras para expresar lo que fue, sobre todo para mí. Me ayudó en todos los aspectos. A su lado lo fui todo. Empecé no siendo nada y terminé siendo todo. Pero para el mundo es el gran divo, el gran creador, el gran innovador, el que consiguió que la zarzuela muerta volviera a revivir. Siempre buscó la manera de ayudarme y hacer que estudiara. En una ocasión me dijo: "Antonio, mira, me voy a quedar de director del Teatro Español. Te voy a colocar a ti allí de regidor para que tengas las mañanas libres y puedas ir a la universidad". En principio el acuerdo funcionó bien, pero llegó un momento en que me dijo: "Oye, mira, te quiero como ayudante. Te voy a pagar tanto, y vas a tener tanto por cada compañía. Pero tienes que olvidarte de estudiar porque va a ser muy complicado". Cuando me enteré de lo que ganaba un abogado en ciernes y lo que me iba a pagar Tamayo, además del sueldo que me daban en el Español, ni lo dudé.

Él instaló el primer giratorio que yo recuerdo, en un montaje de la zarzuela *Bohemios*. Fue un bombazo, tanto, que cuando íbamos a las ciudades a trabajar, porque entonces se hacía mucha ruta, te preguntaban: "Vendréis con el giratorio, ¿no?". Pero pocas veces se podía llevar debido a los escenarios que había. Luego sí se fue empleando regularmente.

Don José no llevó muy bien que me independizara. Durante un tiempo estuvimos distanciados porque no quería que me fuera. Para convencerlo le dije: "Tamayo, yo con usted hasta que se muera, pero ¿cuando se muera usted, que seré yo? Tendré que empezar a prepararme por si acaso". En aquella época se había muerto mi suegra, y el suegro me necesitó para que le echara una mano en su negocio porque eran sólo doce hijos... Así que le dijo a don José que me necesitaba para ponerme al frente del negocio, pero este le replicó que no, que no me dejaba irme. Aunque llegó un momento en el que tuve que decidirme a dejarlo.

Treinta años después de estrenarlo, repuso en San Francisco el Grande el auto *El gran teatro del mundo*, de Calderón de la Barca. Poco antes de empezar, enfermó el primer actor y tuvieron que retrasar la función un día, interpretando el papel el sustituto con un auricular. Fui a ver la función, y al toparme

La Compañía Lope de Vega en el Vaticano en 1954. ©Biblioteca Virtual Cervantes

con Tamayo me dijo: 'Si sé que estás aquí, eres tú el que hace el papel, que tienes más memoria que nadie'.

Hablando de autos sacramentales y de cómo era como director. Fuimos a hacer *La cena del rey Baltasar* al Vaticano, ante del Papa. Tamayo dijo que iba a llevar a unos periodistas, pero le aseguré que nos lo habían prohibido totalmente, sobre todo mientras estábamos en la recepción con el Pontífice. Sin embargo, la foto con el Papa salió en toda la prensa nacional.

Enrique R. del Portal (derecha, arriba) en *La corte de faraón,* de la *Antología de la Zarzuela.* (Archivo Enrique R. del Portal)

RECUERDOS DE JOSÉ TAMAYO

Por Enrique R. del Portal

Cantante y actor

Yo no sé exactamente qué hago aquí, pero me gustaría pensar que es como si siguiera uno de los lemas de mi vida: rodearme de los mejores. Esto es para mí abrumador. Y me gustaría ser la voz de los que han nombrado la zarzuela, que es mi industria y mi gremio, en el que estoy por culpa de este señor Amengual. José Tamayo fue su padre artístico y Antonio Amengual fue mi padre artístico. Todos tenemos muchos padres. En esta profesión ocurre bastante. Me gustaría ser la voz de muchísimos coristas, bailarines, vestuaristas, personas anónimas que recorrieron España con la *Antología de la zarzuela* y con los distintos títulos.

Crecí en un hogar de ambiente teatral, concretamente lírico. Mi padre, Enrique del Portal, era tenor de zarzuela, y formó parte de la Compañía Lírica Nacional, que dirigía Tamayo, en dos ocasiones: en 1973, en la producción que se hizo en el teatro de la Zarzuela de *El carnaval en Venecia* y, en 1982, en las funciones de *Luisa Fernanda,* que se hicieron en los jardines del Generalife de Granada dirigidas, además de por don José, por el propio compositor de la obra, Federico Moreno Torroba. Así que, desde muy pequeño, escuché resonar el nombre José Tamayo como de uno de los grandes referentes del género lírico.

Unos años más tarde, cuando ya había decidido dedicarme a esta profesión de cantante y actor, tuve la suerte de encontrarme, en tres ocasiones, con él en las tablas. La primera fue en diciembre 1990, en el teatro de la Zarzuela, donde acababa de debutar con el Capó de *La del Manojo de Rosas*. Un día llamaron a mi camerino y se presentó la maestra María Luisa Castellanos, a la sazón, maestra de canto de *Antología de la zarzuela* y de la Compañía Amadeo Vives, que había sucedido a la Compañía Lírica Nacional. Me dijo que don José estaba buscando jóvenes actores y cantantes para representar un musical de éxito que iba a producir: *Los Miserables*. Yo había leído algo sobre este título en un reportaje de prensa y me pareció estupendo que se me presentase esa oportunidad, así que corrí a comprar el disco del musical y me preparé para las audiciones. A los pocos días me presenté en el teatro Nuevo Apolo y canté para los directores ingleses y para Tamayo. El resultado fue óptimo, pero el proyecto tardó en ver la luz por problemas que a los artistas se nos escapaban. Así que derivé, recién comenzado 1991, en la *Antología de la Zarzuela*, que celebraba su 25 aniversario. Entré como tenor cómico para cantar algunos números, como las "coplas del Wamba" de *El Bateo*, "el garrotín" de *La Corte de Faraón* o el "dúo con la Paloma" de *El Barberillo de Lavapiés*. Fueron algo más de cuatro meses de representaciones en el teatro Nuevo Apolo de Madrid, y tuve la ocasión de compartir el escenario con figuras gigantes como Pedro Lavirgen, Montserrat Caballé o José Carreras. La *Antología de la zarzuela* era célebre por haber visitado los cinco continentes y en cada uno de ellos haber llegado a remotos rincones donde no se conocía el Género Lírico Español. Ese año fue el de una de sus últimas grandes giras, aunque yo sólo participé en alguna plaza tan poco exótica como Lisboa, ya que me ofrecieron quedarme en otra compañía para interpretar el Cardona de *Doña Francisquita*, y me pudo más el maestro Vives. Pero esto también formaba parte de un círculo más grande que veremos más adelante…

Yo creo que era lo más parecido, lo más parecido a lo que hoy es la industria del teatro musical moderno, como lo entendemos en la Gran Vía, ese teatro musical que hemos importado de Nueva York o Londres. Era lo más parecido en cuanto a estructura y división de distintos departamentos. Tamayo lo tenía muy claro. Si hay algo que podemos reivindicar de su figura es haber colaborado a que una industria tan potente como la del teatro musical comercial, hoy en día en Madrid, sea la tercera del mundo, solamente por detrás de Londres y de Nueva York. Eso ha sido en gran parte gracias a la visión de José Tamayo, con su *Antología de la Zarzuela*, por supuesto, pero también produciendo espectáculos como *Los Miserables*, que abrió la puerta a esa tendencia.

Mi segunda experiencia, esta vez ya definitiva, fue con *Los Miserables*. A principios de 1992 nos confirmaron que el proyecto salía adelante y que estrenaríamos en septiembre en el Nuevo Apolo. Durante estos casi dos años se había creado un estado de incertidumbre y emoción que vimos recompensado al formar parte de ese magnífico espectáculo. Hay que destacar que, en aquellos primeros años noventa, no era tan habitual, como ahora, que hubiese musicales de ese calibre en la cartelera madrileña; el estreno fue un fenómeno social. Estuvimos dos temporadas en cartel, un reparto esencialmente joven e ilusionado, del que destacaron algunas figuras que llegaron a ser internacionales, como nuestro querido y desaparecido Carlos Marín.

En esta ocasión, Tamayo ejercía como productor junto a Plácido Domingo y no como director artístico, así que conocimos la parte no tan amable que supone "ajustar las finanzas". Finalmente, por desacuerdos con Cameron Mackintosh, el productor inglés de la obra, se suspendió la gira que estaba prevista para 1994 por toda España y la posibilidad de reponer la obra en Madrid. Afortunadamente, yo volvería a encontrarme con mi querida Cosette, pero casi veinte años después…

Revisando el programa de mano del montaje he contado 139 personas trabajando en la representación, entre actores, actores cantantes, coro, orquesta, técnicos... Y hay una curiosidad: en el equipo aparecen dos técnicos, de plataforma y de las barricadas. Sí, había un operario cuyo único trabajo era estar sentado en un lateral, que si no recuerdo mal era el hombro derecho del Nuevo Apolo, muy estrechito, de apenas un metro, donde tenía una sillita para él. Con un mando controlaba el giratorio que estaba en el centro del escenario, que era un poco el *leit motiv* de la función, porque simbolizaba el viaje de Jean Valjean. Y había otro operario que movía las dos barricadas traseras, que eran dos mamotretos tremendos. Por cierto, Madrid fue la primera capital en la que ese diseño para el espectáculo se cambió porque no entraba en los hombros. Normalmente las barricadas entraban en perpendicular desde los hombros, y como el Nuevo Apolo no tiene hombros, se hizo una modificación para que entraran en diagonal desde la parte trasera, desde la chácena.

Presentación de *Los Miserables,* con Plácido Domingo y José Tamayo. 1992. (Archivo de Enrique R. del Portal)

De esa manera, fue la primera capital en la que así se hizo, Madrid. Tamayo estaba empeñado en que *Los Miserables* se hiciera en Madrid. Costó dos años llevar a cabo la producción, con un presupuesto de 300 millones de pesetas.

Y así llegamos a mi tercera experiencia con don José. Como decía un poco más arriba, dejé la *Antología de la zarzuela* para estrenar el Cardona de *Doña Francisquita*. Fue Antonio Amengual, director y empresario de la Compañía Lírica Española, el que me ofreció ese papel y, mira por dónde, Amengual había sido uno de los ayudantes de dirección de Tamayo, hasta 1974. Así parece que quedamos "en familia" y que se cerraba el círculo porque esta última colaboración iba a ser precisamente de nuevo *Doña Francisquita*. A principios de 1995 escuché que se iba a hacer un nuevo montaje de esa obra, y que algunos papeles estaban vacantes, entre ellos mi querido Cardona. Así que moví algunas fichas y hablé con la que iba a ser la directora musical, María Dolores Marco, que me confirmó que mi nombre estaba entre los candidatos finales. No tardó en ratificarse la buena noticia y, pocos días después, me llamó Paco Saura, el jefe de producción, para cerrar los detalles.

Estuvimos dos meses otra vez en el teatro Nuevo Apolo, octubre y noviembre, y esta vez sí tuve la ocasión de ser dirigido por Tamayo, preparando a conciencia la parte musical y dramática de mi personaje y su visión interna y externa. Creo que él estaba más preocupado por la segunda que por la primera, pero puedo asegurar que aprendí muchas cosas durante los dos meses que estuvimos en ese teatro. Tenía, además, varios ayudantes que cuidaban los flecos de la función. Recuerdo a Antonio Díaz Merat y a Antonio Ramallo que también interpretaba el papel de Lorenzo Pérez, ambos dándole barniz a las pinceladas que había trazado don José.

Al final la dirección musical fue de Jorge Rubio, no de *la Maestra*, contando con la dirección de coros de José Perera, y para la coreografía, Alberto Lorca, que ya habían participado en la histórica producción de 1956, en la reapertura del teatro de la Zarzuela. Con motivo de un acto en favor de las catedrales de España, vino a cantar una función especial Alfredo Kraus, con quien mi padre había grabado en 1973 el mismo rol que yo estaba interpretando en ese momento. Otra conexión que parecía cerrarse. Kraus estuvo ensayando con nosotros una semana y cantamos juntos el 14 de abril de 1995. Fue una de mis experiencias más gratificantes en el mundo de la zarzuela.

Siempre he pensado que nuestro género lírico pasa por una terrible crisis, en especial las empresas privadas, y ha sido desplazado como opción de ocio por otros géneros. La causa principal es no haber tenido la revolución que todos los demás géneros teatrales (ópera, el musical, teatro clásico, comedia...) tuvieron, especialmente en la segunda mitad del siglo XX. Esa renovación podía haber venido de la mano de algunos pocos directores, Tamayo uno de ellos sin duda. Su concepto del gran espectáculo, su gusto con la iluminación (gracias, entre otros, a su inseparable Alejandro do Carmo), su criterio de la composición escénica y su conocimiento del género le ponían de igual a igual con, por ejemplo, Peter Brook y lo que éste hizo con Shakespeare. Pero quizá la popularidad de la *Antología de la zarzuela* originó que fuera víctima de su propio éxito y no vio la decadencia que amenazaba al verdadero repertorio.

Nos queda en la memoria su buen hacer en un incontable número de títulos y en todos los géneros que tocó. Varias generaciones de actores y directores que pasaron por sus compañías se formaron o terminaron de hacerlo en ellas. Y si la cartelera de la Gran Vía es como la vemos hoy, en gran parte es porque él tuvo esa visión. Gracias, don José.

MI AMIGO JOSÉ TAMAYO

Por César Oliva
Catedrático emérito de la Universidad de Murcia

César Oliva en su disertación en el homenaje.

Una biografía que jamás se escribió.

Estas palabras, que hoy publico, debí haberlas escrito mucho antes. Casi dos décadas antes. Y no como artículo, sino como libro. A finales de 2002 Tamayo visitó Murcia con motivo de unas conferencias sobre Arthur Miller, organizadas por CajaMurcia. Me pidieron el contacto del director granadino, ya que conocían nuestra amistad, y éste aceptó con la condición de que yo estuviera junto a él en la charla e hiciera las veces de entrevistador. Él no quería preparar un discurso sobre el dramaturgo americano, pero sí hablar de la experiencia de sus montajes, sobre todo, de *Muerte de un viajante*. Y allí que estuve con él. Cenamos después esa noche y, a la mañana siguiente, antes de salir para Madrid, charlamos en el vestíbulo del Rincón de Pepe, junto a su secretario. Entre otras cosas le sugerí que debería escribir sus memorias, pues creía que serían materia de enorme importancia para la historia del teatro español contemporáneo. Él no se veía con fuerza ni ganas, a pesar de su excelente aspecto. Pero sí aceptó, a sugerencia del secretario, que yo fuera a su casa de Madrid y que, con un magnetófono delante, habláramos y habláramos. Yo redactaría un primer borrador para que, conjuntamente, le diéramos forma en posteriores sesiones. Me interesó mucho la propuesta, pues ya había hecho algo parecido con el actor Fernando Guillén[1]. A los pocos años lo hice con Adolfo Marsillach[2], aunque después de que éste falleciera, sin poder tener su testimonio directo. Nos despedimos don José y yo con ánimos redoblados. Por fin podría contar de su propia voz las andanzas en el mundo teatral de José Tamayo, andanzas que van de boca en boca de todos los que con él trabajaron, pero que yo podría dar forma verosímil y real. En marzo del año siguiente, no cumplidos tres meses desde las conversaciones murcianas, moría en un hospital de Madrid tras "una repentina enfermedad respiratoria". Tenía 82 años. Había nacido en Granada, en 1920.

Escribir ahora sobre Tamayo es recurrir a la memoria. No quisiera caer en el simple anecdotario sino reflexionar sobre lo que de él conozco: un gran hombre de teatro del que quisiera extraer las posibles aportaciones de este heredero

---

1   Oliva, C. y García de Dueñas, J. *Fernando Guillén, un actor de hoy.* Universidad de Murcia, 1999.

2   Oliva, C. *Adolfo Marsillach. Las máscaras de su vida.* Ed. Síntesis, Madrid, 2005.

directo del saber escénico de Federico García Lorca, al que le tenía verdadera reverencia. El poeta murió cuando Tamayo cumplía dieciséis años y, aunque no lo conociera, siempre confesó una influencia de cuanto le rodeaba, sobre todo, el ambiente de aquella Granada de posguerra, llena de miedos y temores. Como Federico, Tamayo dirigió un grupo universitario, llamado Teatro al Aire Libre. En Granada comenzó sus estudios superiores, pero, como otros muchos actores y directores de esa época, no llegó a terminarlos. Sus dotes para la empresa teatral no se dejaron esperar. En 1946, con veintiséis años, Tamayo creaba la Compañía Lope de Vega de resultas de una transformación de su grupo universitario. Su idea de productor era clara: contrata como cabeceras de cartel a verdaderas figuras de la profesión que entonces empezaban a emerger, mientras tenía a sus actores del T.E.U. en otros cometidos. Para Tamayo era fundamental contar con intérpretes que atrajeran al público. Él sacó de los platós cinematográficos a Aurora Bautista, después de su éxito con *Locura de amor* (1948), o a Paco Rabal, galán que ya empezado a dar su medida en varias películas como *La Pródiga* (1946), con guion de Rafael Gil, o *Luna de sangre* (1950), de Rovira Beleta. Tamayo lo contrató para *Muerte de un viajante* (1952), de Arthur Miller. A otros muchos los convenció para que alternaran películas con escenarios, como José Rubio, Alberto de Mendoza, Manolo Galiana, Fernando Guillén, Paquita Rico...

Era único en hacer repartos. Tengo una experiencia al respecto inolvidable. Tamayo me pidió que dirigiera *El señor Puntila y su criado Matti*, de Brecht, para el teatro Bellas Artes. Esto fue en los primeros días de 1974. María Luisa Oliveda, directora y empresaria catalana (tenía un pequeño teatro en Barcelona llamado Don Juan, reconvertido al poco tiempo en las salas de cine Arkadin), le había pedido hacer esa obra en Madrid. Invitó a Tamayo a que la viera en la capital catalana y éste aceptó la propuesta con una serie de condiciones. La primera era cambiar el reparto, a excepción de Alejandro Ulloa, que hacía de Puntila, y era quien tenía los derechos de la obra, cuya traducción fue de Josep Maria Carandell, con versión de Lauro Olmo. Otra condición era que la dirigiera yo, cosa que a la Oliveda no le importaba pues nos conocíamos del Festival de Sitges, en donde vio algunos de mis montajes. En Barcelona, la puesta en escena fue de Francisco Nel·lo, un buen profesional al que yo conocí por aquellos años del teatro independiente. Cuento esto porque en una de nuestras reuniones en el teatro Bellas Artes Tamayo me habló del reparto. Recompongo, con su peculiar tono de voz, aquellas palabras. – Matti, que es el verdadero protagonista, lo va a hacer Agustín González, que en el cartel irá por debajo de Alejandro Ulloa, por exigencias de éste, pero no importa. Así, la gente cuando lo lea dirá: Alejandro Ulloa, no lo conozco; ¡Agustín González, buenísimo…! Y pensarán que, si está por debajo del otro, éste debería de ser al menos tan bueno como Agustín. Los demás, da lo mismo.

Una verdadera lección de productor. Como otros proyectos que preparé con Tamayo, tampoco el *Puntila* salió. Y no salió porque cuando Ulloa fue a hablar con él, no aceptó que un joven desconocido dirigiera la obra. Su opción fue José Luis Alonso Mañes que, por entonces, tenía tanto trabajo que, después de varias vueltas, no pudo aceptar. Así que se quedaron sin Alonso, sin mí y sin *Puntila*. No se hizo.

Mi amistad con Tamayo

Quizás convenga decir cuanto antes que conocí a Tamayo en 1964, cuando yo no había cumplido los 19 años. Fue en Málaga, en el Teatro ARA que dirigía doña Ángeles Rubio Argüelles (las iniciales del teatro), condesa de Berlanga de Duero, título que procedía de su marido, el dramaturgo y cineasta Edgar Neville. Yo fui a la ciudad andaluza con el grupo Arlequín, interpretando el príncipe de *La princesita Piel de Asno*, el cuento de Perrault. Al mismo tiempo era responsable del decorado, como solía ser en todos los montajes de aquel grupo. Tamayo fue miembro del jurado, que nos premió con la mejor escenografía, por lo cual el día del reparto de galardones, me abordó diciéndome que si me iba a dedicar al teatro. Me dejó su dirección y teléfono para que le escribiera o llamara cuando fuera a Madrid, cosa que no hice entonces por mi probada timidez. Pocos años después, a principios de 1967 debió de ser, Tamayo vino al teatro Romea de Murcia a presentar *Madre Coraje*, de Brecht, que había estrenado la temporada anterior en Madrid. Me llamó y quedamos citados. Entonces le conté que quería hacer con el Teatro Universitario de Murcia *Farsa y licencia de la reina castiza*, de Valle-Inclán. Le entusiasmó la idea porque estaba entre sus proyectos, pero no se terminaba de decidir. El nuestro sería un buen campo de pruebas. Además, él tenía los derechos de autor, como de casi todas las obras de don Ramón, de manera que me sirvió de enlace con Carlos del Valle-Inclán para que nos diera la correspondiente autorización. A finales de ese año, el 14 de diciembre exactamente, Tamayo volvió a Murcia para ver mi montaje. Tras el estreno me dio una serie de consejos, participando del entusiasmo de aquel público que nos vitoreó. Entonces se animó a hacerla, aunque seguía viendo problemas dramatúrgicos, por ejemplo, que era demasiado corta. Curiosamente esa misma obra se estrenó en Madrid diecinueve años después, en el teatro Bellas Artes (diciembre de 1986), con mi dirección, pero con otro empresario, Enrique Cornejo. No recuerdo bien si fue cuando *Madre Coraje* o cuando *La reina castiza*, el caso es que Tamayo me encargó en Murcia los figurines de *La parranda*, pues un fragmento de esa obra iba a integrar su gran proyecto *Antología de la Zarzuela*. La *Antología de la zarzuela* la había estrenado en Barcelona, en 1966, pero el director iba introduciendo y sacando escenas de diversas piezas. Ahora le tocaba meter una de ambiente murciano. Enseguida cumplí con el encargo y le mandé una decena de bocetos a acuarela, pero nunca me dijo nada de haberlos recibido. Estaba seguro de que no le habían gustado. A finales de julio de 1968, terminada una serie de representaciones que hicimos con el T.U. de Murcia en la provincia de León, acepté la invitación de mi amigo José Antonio Campos, entonces delegado de Información y Turismo en Pontevedra, para pasar en su casa, con su familia, la primera semana de agosto. Él me presentó a Carlos Valle-Inclán, que allí vivía, y que me recibió en su casa agradeciendo que le hubiera mandado un montón de fotografías de la *Farsa y licencia*. Pero no es de eso de lo que ahora quiero acordarme. Lo que quiero contar es que José Antonio tenía entradas para la *Antología de la Zarzuela*, que volvía a hacer Tamayo ese verano en los Festivales de España. No recuerdo bien el recinto, pero sí que era en Vigo, un espacio enorme y al aire libre. Allí que fuimos, allí que nos sentamos, y allí que oímos el reparto por la microfonía. Y allí que escuché que era uno de los tres responsables de los figurines del espectáculo: Emilio Burgos, Víctor María Cortezo y César Oliva. Al oír mi nombre, en Vigo, en un recinto monumental, al lado de dos maestros del vestuario, me quedé de piedra. No sé cuánto tiempo después, volví a ver a don José. Le dije que no sabía que había utilizado mis figurines. Me contestó con su inconfundible risa que sí, que no sabía cómo avisarme, y que debería de estar muy contento de colaborar en ese gran espectáculo.

El *barberillo de Lavapiés* en la *Antología de la Zarzuela*. Carmen González y Enrique R. del Portal. Archivo de Enrique R. del Portal.

Mi relación con Tamayo siempre fue de mutua simpatía, aunque jamás, por unas cosas u otras, me dio esa oportunidad que dijo muchas veces que me merecía. Lo intentó, tengo que reconocerlo, pero sin éxito. Lo intentó con *El señor Puntila y su criado Matti*, con *El engañao,* de Martín Recuerda, y quizás con más obras que mi selectiva memoria ha borrado convenientemente. Pero mantuvimos una relación de amistad más que curiosa, relación que se cortaba durante años y que renacía como el ave Fénix. Crucé con él una copiosa correspondencia, que prueba la excelente relación que mantuvimos.

Algunas de ellas, recibidas desde el Kurhaus Cademario, en la ciudad suiza del mismo nombre, un balneario cerca del lago Lugano. Allí pasaba temporadas enteras de reposo[3]. También conocí a la mayoría de sus secretarios, desde Paco Mudarra, que creo que participó en un concurso de cantantes que se celebró en Murcia.

Tamayo necesitaba reposo, ya que padecía desde joven una enfermedad en las cuerdas vocales de tipo nervioso que le impedía hablar normalmente. Eran muy característicos sus altibajos en el tono de voz, que hacía difícil entenderlo. Y además, esto le pasaba por épocas; algunas veces se le entendía mejor que otras. En cualquier caso, era un suplicio para sus interlocutores lograr captar todas sus palabras. Sólo con reposo y depuradas técnicas de ortofonía lograba hablar pero nunca con normalidad. No entendía yo cómo, con ese problema, podía dirigir, sobre todo, espectáculos en los que tenía que mover muchísima gente.

Con la distancia del tiempo, me parece curiosa la amistad que mantuve con Tamayo. Siempre alimentó el aliciente de poder trabajar con él, aunque tampoco jamás me propuse ser ayudante de dirección suyo. Cuando lo conocí, estaba yo en los primeros cursos de Universidad; por eso me decía que primero terminara la carrera, que después veríamos. Pero yo tenía claro que no aceptaría un cometido subsidiario; además que tenía fácil excusa: vivía en Murcia, estudiaba allí, después fui profesor

---

3   De allí es una fechada el 21 de junio de 1969 en la que, entre otras explicaciones sobre la necesidad de descansar tras una temporada de "enorme esfuerzo", me indicaba que estaba dispuesto a dar oportunidades a compañeros del T.U. para que pasasen a la profesión. Pero no oportunidades para mí, sino para intérpretes que consideraba que estaban suficientemente preparados para dar el salto a la profesión, como fue, textualmente, María Jesús Sirvent, primero, y Juan Meseguer, después.

ayudante, quería dirigir, no ayudar... A pesar del enorme respeto que le tenía, lo consideraba más como excelente productor que como creador escénico, y persona que sabía muchísimo de teatro. Ni siquiera aquel espléndido *Luces de bohemia* (1970) me sedujo del todo. La juventud pone siempre los listones muy altos. Demasiado. Yo tenía entonces otras ideas sobre la imagen del esperpento y sobre su interpretación. Quizás si me hubiera requerido para ser actor cuando tenía 20 o 21 años sí lo hubiera aceptado. En esos años todo era posible. Pero él sabía que lo que me interesaba era la dirección. Asistí a algunos ensayos (de *Madre Coraje, La vida es sueño, Tirano Banderas...*) y sólo aprendí que Tamayo tenía tanta intuición y conocimiento de la escena como dificultad para entender los más profundos significados de los textos. Dirigía a los actores a través del ayudante (esto lo han repetido varias personas en este libro), al que decía en voz alta lo que quería que oyeran los intérpretes, lo que le interesaba corregir. Sólo hablaba directamente con las primeras figuras. Todo eso me parecía de otro tiempo. En *La vida es sueño*, después de la primera escena, paró el ensayo para corregir a Juan Diego, Segismundo a la sazón. Yo mismo, sentado en el patio de butacas, le oí decir.

— ¡Juan Diego... mira!: Ay mísero de mí, coma, ay infelice, coma...

Le fue marcando con su quebrada voz la manera de decir esos versos iniciales, indicándole las cesuras con coma. Genial.

Sólo fui al primer ensayo de *Tirano Banderas*. He contado en otro sitio que Tamayo accedió a esta obra de Valle porque yo le hablé de ella. No había oído en su vida nada de esa "novela de tierra caliente", que no era teatro. Coincidimos ambos en una comida que dio el Ministerio de Información y Turismo, creo que en 1973, a propósito de los galardones del Premio Nacional de Teatro (en esa edición nos lo dieron a media profesión). Él me pidió comer en su mesa, en donde recuerdo que estaba también el tenor Pedro Terol, seguramente incorporado por entonces a la *Antología de la Zarzuela*. Había pasado un año sin vernos. Me preguntó por los planes que tenía. Había estrenado *El Fernando* (1972), que por cierto invité a que lo viera en el Aula Juan del Enzina de Salamanca. Y allí fue acompañado de Juan Diego. En la comida de los Premios le conté que, tras *El Fernando*, quería hacer un Valle-Inclán con la misma técnica de aprovechar todo el espacio escénico y la sala, con sus palcos y todo; que empezaba a hacer la adaptación de la novela, y quería iniciar los ensayos enseguida. Cuando le dije de qué se trataba exclamó.

— ¡*Tirano Banderas*!, ¡qué título!

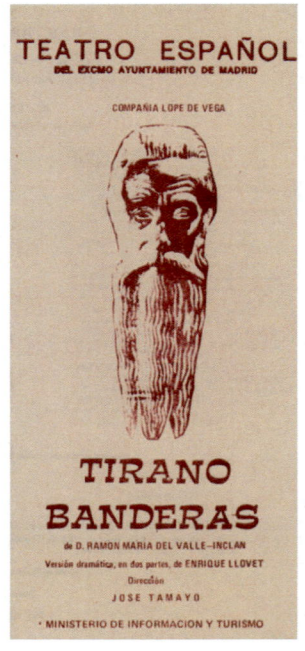

Ahí quedó la cosa. Pero no. Ahí no quedó la cosa. Cuando escribí a la Sociedad de Autores con el fin de que me permitieran representar mi adaptación de la obra me contestaron que los derechos los había adquirido José Tamayo para que Enrique Llovet hiciera la versión. Intenté hablar con él, pero fue imposible. Al cabo de los meses, me contó que iba a producirla, que me daba las gracias por haberle puesto sobre la pista, que me llamaría para que colaborara de alguna manera en el montaje. Casualmente, el día del primer ensayo de *Tirano Banderas* en el Teatro Español estaba yo en Madrid. Tamayo me invitó a comer y me pidió que por la tarde le acompañara a dicho ensayo. Lo hice. Me enseñó los bocetos de Emilio Burgos que acababan de llegarle. Estaba entusiasmado. Yo me senté en el primer palco de la sala, y vi a toda la compañía en el escenario dispuesta en dos hileras: los protagonistas en la primera, y el resto en la segunda. Quizás hubiera más de veinte actores y actrices. Tamayo se sentó en primer término, de espaldas al patio de butacas, frente del elenco. Junto a él, el apuntador, en una mesita con un flexo. Empezó diciendo.

— Señores, señores, vamos a empezar a ensayar una obra de Valle-Inclán. ¡*Tirano Banderas*! Una obra muy importante... ¡Empiecen a leer!

No dijo más. Y yo me fui, creo que enfadado, ya que había tenido una idea que no pude poner en práctica. La obra se estrenó el 3 de octubre de 1974 en dicho teatro Español.

Encuentros y desencuentros

Cualquiera puede pensar que tuve mis más y mis menos con Tamayo. Nada más lejos de la realidad. Nunca, ni en esta ocasión ni cuando se abortó la posibilidad de que yo hiciera un Brecht o un Martín Recuerda, me atreví a reprocharle nada. Era demasiado joven y el desnivel entre nosotros, demasiado pronunciado. ¿Quién me iba a creer lo de *Tirano Banderas?* Además que, pese a todo, nunca imaginé que lo hiciera con mala intención. Pensaba, y pienso, que Tamayo era así. Después de cualquiera de esos episodios, cuando nos encontrábamos, éramos los amigos de toda la vida. Yo, para él, representaba una joven promesa, que hacía cosas interesantes en el teatro universitario, que conseguía premios, y que tenía cierta consideración en el medio. Por ejemplo, fui miembro del jurado que seleccionaba aquellas Campañas Nacionales de Teatro del Ministerio de Información y Turismo, en las que, junto a diversas personas muy mayores de la profesión y del sistema, elegíamos tres compañías para ser subvencionadas y recorrer las ciudades de España con sus montajes. Era algo muy goloso para los empresarios, con bastante dinero de por medio, y que mereció una nueva llamada de Tamayo, nueva comida y nuevos proyectos. Estoy hablando ahora del verano de 1973; debió de ser antes de la famosa comida con *Tirano Banderas* en los postres.

Tamayo me tenía mucha consideración, es cierto. Nunca le dije que me quería dedicar exclusivamente al teatro, porque nunca lo pensé de manera decidida. Eso también le influiría en no abrirme sus puertas más que de uvas a peras. Para mí, su ejemplo era el de un profesional de teatro dedicado en cuerpo y alma al escenario. Sus consejos eran sentencias. Cuando por fin dirigí *Farsa y licencia de la reina castiza* (1986) en el Bellas Artes, antes hicimos un preestreno en Albacete. Allí que vino Tamayo más por amistad que por necesidad, y me escribió un folio sobre las cosas que se podían mejorar. Lo más importante para él era comenzar la representación con buen pie, con un actor o una actriz que lo hiciera muy bien. Y me contó que una vez un cómico mediocre decía los cuatro primeros versos de una comedia clásica que Tamayo dirigía. El papel sólo tenía esa estrofa, de ahí que el intérprete no fuera de los más importantes del elenco. Y no lo hacía bien. Un día Tamayo le cortó dos versos;

otro día, otro; y en el ensayo general le cortó el que le quedaba. El pobre actor se dirigió a don José diciéndole. Don José: ¡que no me queda ninguna palabra en el personaje...!

— Mire usted. Cuando el director de una orquesta levanta su batuta para comenzar el concierto, todo, todo, tiene que sonar perfecto. Y cuando acaba, lo mismo. La última nota tiene que ser rotunda. Pero, si en medio alguien tiene un desliz, se nota menos; ni al principio ni al final puede fallar. ¿Me ha comprendido?

El actor no supo qué contestar.

Al no mantener una relación constante con Tamayo, sus ideas y consejos me fueron llegando de manera desordenada. Su preocupación por la forma estaba por encima de cualquier otra consideración. Si alguna obra no salía como él pensaba, la técnica no podía fracasar. Una vez me contó los problemas que tenía al principio de su carrera con los proyectores de luz que había en España, mejor dicho, que no había. Él disponía de un buen equipo que compró gracias a la ayuda de Antonio Gallego Burín, el que fuera alcalde de Granada. Realmente, el nacimiento de la Compañía Lope de Vega se lo debió a él, de ahí que hubiera una enorme foto del político granadino en un vestíbulo del teatro Bellas Artes.

Tuvo que salir de gira por América (las giras por América le dieron una fortaleza económica extraordinaria) para abastecerse de proyectores que concentraran la luz. Los vio en Estados Unidos, compró los que pudo, los metió en cajas, y se los trajo en el barco de la compañía. Me dijo que, al llegar a España, los llevó consigo en su equipaje en tren hasta Madrid. No los quería soltar. El uso que siempre ha hecho de la luz ha sido muy bueno. Claro que, para ello, se rodeaba de los mejores técnicos, a los que no importaba pagar lo que fuera. Igual que con los escenógrafos. Utilizaba a los mejores porque de esa manera se garantizaba ideas

Ilustración de Gil Tovar para la Compañía Lope de Vega.

para la puesta en escena. Los preparativos de montaje no los hacía hasta no tener los bocetos de decorados. Eso lo comprobé con *Tirano Banderas*, pues hasta que no los tuvo delante no sabía cómo mover a los personajes. Así me lo dijo.

Otra de las características de Tamayo fue su enorme tenacidad. No cedía ante nada si creía poder conseguirlo. Me contó que no paró hasta lograr que la censura no quitara ni una sola coma de *Luces de bohemia*. Tuvo que ir a ver al propio ministro de Información y Turismo, Fraga Iribarne, al que tocó su vena gallega. No conozco exactamente el proceso de alquiler del teatro Bellas Artes, en 1961, pero imagino que hizo juegos malabares para conseguir su cesión por una cantidad insignificante, y para ¡cien años! Él nunca pensó en que pudiera morirse. Enrique Llovet me describió otro caso que ratifica esta idea. Tamayo quiso tener un teatro en Madrid para musicales, y puso el ojo en el viejo cine del Progreso, en la plaza de Tirso de Molina, que, tras su rehabilitación, llamó Nuevo Apolo; un gran teatro con unas mil trescientas localidades[4]. También se ha citado este episodio en otras partes del presente libro. Lo que no se ha dicho es que habló con la propiedad para conseguir arrendarlo, y una vez que tenía una propuesta, le pidió a Llovet que le acompañara al banco, al que pidió un empréstito para las costosas reformas, un préstamo pagadero ¡en 25 años! Tamayo tenía entonces 66 o 67 años. El banco puso a su disposición unos 200 millones de pesetas. Ignoro cómo se siguió pagando ese préstamo.

Un director de raza

José Tamayo, no sólo por lo que hemos dicho hasta ahora en este homenaje, sino por mucho más que esconde su amplia trayectoria profesional, fue un director de raza, de genio e ingenio, que sacó de donde no había; ganó mucho dinero con sus producciones, tanto como invirtió. En su momento, se le achacó falta de fondo humanista, de conocimientos teóricos. No sé qué hubiera sido si, además de sus cualidades innatas, además de su enorme intuición, hubiera contado con todo eso que decían que no tenía. En una ocasión, muy al principio de nuestra amistad, le pregunté por qué no hacía cine. Me vino a decir, que sólo le falta eso; que bastante tenía con pelear por hacer el teatro que quería hacer. Toda la razón del mundo.

Este era el don José Tamayo que yo conocí. Y digo lo del don con todo el respeto del mundo. Los 25 años que me llevaba poco menos que me obligaban a llamarlo siempre de usted. Pero es que todo el mundo lo llamaba de usted. Menos Pedro Mari Sánchez. Me contaba Paco Rabal que, después de varios trabajos con Tamayo, y pasados años en los que el actor había

---

4   El Nuevo Apolo se abrió el 21 de diciembre de 1988, con una nueva versión de la *Antología de la Zarzuela*. Pero la inauguración oficial fue el 11 de enero de 1989, con una gala protagonizada por Plácido Domingo.

José Tamayo con Francisco Rabal y Antonio
D. Olano. ©Biblioteca Virtual Cervantes.

redoblado su fama en el cine, seguía llamándolo de usted. A pesar de sus parecidas edades. Un día, don José le dijo: "Ya está bien, Paco, haz el favor de llamarme de tú; llevamos muchos años de amistad". "Vale, don José, lo que usted diga, don José". Nunca consiguió tutearlo.

Hoy, a veinte años de su fallecimiento, sigo echando de menos sus espaciadas cartas, sus llamadas por teléfono que no entendía casi nada, sus encuentros en aquel atiborrado despacho del Bellas Artes, en los que tantas antesalas hice hablando con Lorenzo, el secretario de la eterna colilla pegada al labio inferior, socio del Atlético de Madrid, del que era un verdadero forofo. A pesar de esa amistad tan intermitente, a pesar de ciertos desencuentros más propios de mi perspectiva que de la suya, el recuerdo que guardo de José Tamayo es inmejorable. Una pena que no llegara a tiempo de escribir la biografía que merecía.

JOSÉ TAMAYO S.L.

Por Antonio Castro Jiménez
Cronista Oficial de la Villa

Los reyes Don Juan Carlos I y Doña Sofía con
José Tamayo y la compañía de *Los Miserables*.
1993. (Archivo de Enrique R. del Portal)

Cuando se estudia el teatro en España en la segunda mitad
del siglo XX, siempre aparecen tres nombres fundamentales
para el desarrollo escénico: Luis Escobar, José Luis Alonso y
José Tamayo. Junto a ellos no pueden faltar Cayetano Luca de
Tena, Modesto Higueras, José Osuna, Gustavo Pérez Puig,
Alberto González Vergel o Miguel Narros.

De entre todos ellos, José Tamayo sobresale por varias circunstancias: haber introducido a numerosos dramaturgos internacionales en nuestra escena, haber recuperado de manera regular los autos sacramentales, haber elevado a la máxima categoría los espectáculos de masas, haber dignificado la zarzuela y por haber sido un empresario audaz y arriesgado. Esta última característica es la que mejor lo diferencia de sus compañeros de generación. No solo dejó un abrumador catálogo de casi doscientas producciones, sino que abrió dos teatros como empresario y formó una gran compañía, con más de doscientos artistas, siendo capaz de llevarla por medio mundo. Me refiero a la *Antología de la Zarzuela*.

La Compañía Lope de Vega

Su profesionalización en la escena se produjo con la fundación de la Compañía Lope de Vega, cuando él tenía 26 años. Con la ayuda inestimable de su hermano Ramón, puso en pie una empresa que mantendría, con altos y bajos, durante más de cincuenta años. Supo elegir -y convencer- a un buen número de actores, algunos ya veteranos, para que engrosaran sus filas. La mayoría de ellos se convertiría en el puntal del teatro y la televisión de la segunda mitad del siglo XX. Sirva como ejemplo la composición de la Compañía Lope de Vega para la temporada de 1954: Mary Carrillo, Francisco Rabal, Manuel Dicenta, Asunción Balaguer, Alfonso Muñoz, Társila Criado, José Bruguera, Berta Riaza, Lola Lemos, Ana Sillero, José Luis Pellicena, José Rubio, Julio Núñez, Diego Hurtado, Avelino Cánovas, José Guijarro, Josefina Santaularia. Colaboraciones de Mercedes Prendes y Guillermo Marín. Con ellos, el Ballet de Karen Taff y con decorados de Sigfrido Burmann, Emilio Burgos y Víctor María Cortezo.

Creo que no queda vivo ninguno de ellos y es una pena, porque me gustaría saber cómo los llevó, durante casi tres años sin interrupción, por los principales países de Hispanoamérica. Durante algunas temporadas la compañía actuó como titular del teatro Español de Madrid, y siempre ocupaba el teatro Bellas Artes desde su inauguración.

Autos Sacramentales

El 9 de junio de 1765, el Rey Carlos III emitió desde Aranjuez una real cédula prohibiendo las representaciones de los autos sacramentales y las comedias de santos, con este argumento.

Por ser los teatros lugares muy impropios y los comediantes instrumentos indignos y desproporcionados para representar los Sagrados misterios de que tratan, se ha servido S.M. de mandar prohibir absolutamente la representación de los autos sacramentales y renovar la prohibición de comedias de santos y de asuntos sagrados bajo título alguno, mando igualmente que en todas las demás se observen puntualmente las prevenciones anteriormente ordenadas para evitar los inconvenientes que puedan resultar de semejantes representaciones.

Tendrían que pasar más de 150 años para que volvieran a la escena, aunque fuera circunstancialmente. En 1927, el Ateneo de Granada hizo un montaje de *El gran teatro del mundo* en el escenario de la Alhambra. Después, el 19 de diciembre de 1930, Margarita Xirgu desempolvó en el Teatro Español el mismo título[5]. Pero este género teatral no tendría una cierta continuidad comercial hasta el empeño de José Tamayo. En

---

5 En 1932, otro granadino, Federico García Lorca, montó otro auto sacramental, *La vida es sueño, de Calderón de la Barca, con el Teatro Universitario La Barraca.*

distintas etapas de su carrera llevó a la escena *El gran teatro del mundo* y *La cena del Rey Baltasar*, ambas de Calderón de la Barca. Ya en su etapa del teatro universitario participó en un montaje de *El gran teatro del mundo*, en Granada. Fue poco antes de fundar la Compañía Lope de Vega y, posteriormente, también en Granada, dirigió por primera vez *La cena del Rey Baltasar* y *El pleito matrimonial del alma y el cuerpo*.

Francisco Valladares en *El gran teatro del Mundo*. Teatro Bellas Artes. 2000.
©Daniel Alonso/CDAEM

Plenamente profesionalizado, representó *El gran teatro del mundo* en el teatro de La Comedia en marzo de 1952, con la *Loa* del propio Calderón, y un reparto estelar en el que estaban Carlos Lemos, Mary Carrillo, Alfonso Muñoz, Francisco Rabal y la Compañía Lope de Vega. *El Correo Catalán* (23-3-1952) saludaba así la iniciativa. No en el teatro Español, ni en el María Guerrero, sino en uno de empresa privada, se ha llevado a cabo la reposición de este admirable auto sacramental de Calderón de la Barca, con una dignidad, con una riqueza de medios espectaculares y con una interpretación tan irreprochable que puede afirmarse que la reposición fue verdaderamente triunfal.

Con *La cena del rey Baltasar,* se había inaugurado el Teatro María Guerrero como Teatro Nacional, en 1940. Luis Escobar, Huberto Pérez de la Ossa y Claudio de la Torre fueron los artífices de su resurrección. Este también fue el segundo auto que montó Tamayo, esta vez en el Teatro Español, en mayo de 1954, con la Compañía Lope de Vega, llevándolo luego al Vaticano. El director recuperó el primero de dichos autos en varias ocasiones, aunque no lo hizo con *La cena del rey Baltasar.*

Precursor de los musicales

El estreno el 25 de enero de 1955 de *Al sur del Pacífico,* dirigido por Tamayo, supuso abrir la puerta a los grandes musicales (un género más) y estrenar en España a Rodgers y Hammerstein. Se rompía así el monopolio de la revista, que lideraba en esa época Celia Gámez. Insistió Tamayo en 1963, en el Teatro Alcázar, con otro clásico de género, *Kiss me, kate,* adaptación de *La fierecilla domada,* que no tuvo tanta fortuna como la primera experiencia. Gracias a esta apertura a un género hasta entonces desconocido, pues José Juan Cadenas lo que introdujo fue la opereta centro europea, Luis Escobar ensayó en 1957 una producción 'a la española', *Te espero en Eslava,* que tuvo un gran éxito. Más tarde, en 1966, José Osuna trajo por primera vez otro musical de repertorio: *El hombre de la Mancha,* protagonizado por Luis Sagi Vela y Nati Mistral. Sin embargo, puede decirse que el género no arraigó en nuestras carteleras hasta el final del siglo XX. Pero a José Tamayo no se le puede negar su calidad de precursor.

Gran empresa

La *Antología de la zarzuela* fue, desde su fundación, una gran empresa teatral, con casi doscientos trabajadores en nómina. Tamayo no solo la paseó por todas las ciudades españolas importantes, con los problemas de logística que ello suponía, sino que realizó varias giras internacionales. Al cumplir los 25 primeros años, hizo una edición especial. En el lujoso programa de mano, el periodista Enrique de la Hoz, escribía:

> Han triunfado incuestionable y brillantemente en escenarios principales de Nueva York, Moscú, Tokio, Londres, México, Bogotá, Buenos Aires, Caracas... y un etcétera que alcanzaría a computar 264 ciudades de los cinco continentes, 324 teatros, 10.730 representaciones, y, ¡pasmo para toda la historia del teatro español!, 16 millones y medio de espectadores.

En el año 1992 José Tamayo tenía 72 años. Por su cabeza no debía pasar la jubilación porque ese año se embarcó, junto a Plácido Domingo y Cameron Mackintosh, en la producción de un gran musical: *Los Miserables.* Doce años antes se había presentado en París y ya era obligado en las carteleras de las principales capitales del mundo. La de Madrid fue la primera versión en español. En su momento se publicó que la inversión necesaria para ponerlo en pie había ascendido a 300 millones de pesetas. A esa gran cantidad había que sumarle los gastos diarios en nóminas, publicidad, etc. Un gran riesgo que no arredró a Tamayo. Las entradas se vendieron entre 4.000 y 1.000 pesetas, nada baratas para la cartelera madrileña.

No sería la última gran inversión porque, en 1995, afrontó una vez más el montaje de *Doña Francisquita,* estrenado en el Nuevo Apolo. En el programa de mano aparecen cuarenta y un artistas/cantantes con papel. A ellos había que sumar el coro, la orquesta, la figuración y el equipo técnico. Este sí sería el último gran espectáculo de Tamayo.

Dos teatros

El 17 de noviembre de 1961 se inauguraba el teatro Bellas Artes de Madrid con un recordado montaje de *Divinas palabras*, de Valle-Inclán. El director y empresario José Tamayo lograba tener su propio teatro tras haber paseado durante quince años su Compañía Lope de Vega por toda España. Madrid ganó en esa década de los sesenta algunos locales de mediana capacidad, de los que sobreviven solamente el Arlequín, el Marquina y el Bellas Artes. Abrió la serie de los conocidos como "teatros de bolsillo", el Recoletos que en marzo de 1957 estrenó *Fuera es de noche*, escrita y dirigida por Luis Escobar; en enero de 1962 se abrió el teatro Club en los bajos del Palacio de la

Fachada del teatro Bellas Artes de Madrid en 2023.

Música; dos meses después, levantó el telón el teatro Torre de Madrid, rebautizado como Valle Inclán, y ya, en diciembre de 1962, se abría el Marquina. Finalmente el Arlequín dejó el cine por el teatro en 1965.

Teatro en el sótano

Parece que en esa época las ordenanzas municipales eran mucho menos restrictivas que las actuales. Así se explica que autorizaran la apertura de teatros en sótanos, como es el caso del Bellas Artes, que ocupó algunas dependencias del Círculo de Bellas Artes: la bolera, una piscina subterránea y dependencias de trabajadores. Durante tres años un equipo de cuatro arquitectos convirtió todo aquello en teatro. No estuvo exenta la construcción de conflictos con el Círculo, que entonces presidía el académico Joaquín Calvo Sotelo. Parece que algunas de las cláusulas firmadas con la empresa *Actividades Teatrales* resultaban onerosas para el Círculo. En un primer enfrentamiento, Tamayo se negó a modificarlas por lo que la entidad encargó al letrado José María Ruiz-Gallardón la defensa de sus intereses. Sin embargo, renunciaron al procedimiento judicial al avenirse el arrendatario a negociar pocos meses antes de abrirse el teatro, comprometiéndose a dedicar el nuevo espacio exclusivamente a las representaciones teatrales. La Junta Directiva del Círculo había firmado el convenio con Tamayo en agosto de 1957. Inicialmente se iba a llamar "Teatro Club Bellas Artes". Suponemos que la coincidencia con el nombre de Club, del teatrito de la Gran Vía, recortó la denominación definitiva.

La sala, con capacidad para quinientos espectadores, tiene una excelente visibilidad, patio de butacas y anfiteatro. En el primer vestíbulo, visible desde la calle, se pintó una hermosa alegoría tea-

Mural de Vicente Viudes para el teatro Bellas Artes. ©Antonio Castro

tral, firmada por Vicente Viudes. Sin embargo es difícil el monta-je de espectáculos, porque el escenario se encuentra a dos niveles bajo la calle y su acceso es muy complicado.

Levantar un nuevo telón siempre es una buena noticia en cualquier ciudad. Hacerlo con una obra no representada des-de la II República -*Divinas palabras*- fue un acontecimiento. Tamayo reunió a un nutrido elenco encabezado por grandes figuras de la escena: Manuel Dicenta, Nati Mistral, Milagros Leal, Carmen López Lagar, Javier Loyola… acompañados por entonces jóvenes prometedores como Sonsoles Benedic-to, Antonio Medina o Carlos Ballesteros. Hasta treinta y seis actores figuraban en el reparto ¿Imaginan la nómina? La es-cenografía fue de Emilio Burgos. El montaje se mantuvo en cartel hasta el 11 de marzo de 1962. Nati Mistral se consagró como la gran trágica del teatro español tras haberse consoli-dado como estrella del incipiente género musical. La actriz/ cantante recuperó la Mari Gaila valleinclanesca en el mismo

Bellas Artes, y siempre a las órdenes de Tamayo, en 1986. Y el director aun hizo una segunda reposición en 1998, esta vez con Kiti Mánver en el papel protagonista, Juan Antonio Quintana y Pedro Mari Sánchez. En estas producciones los repartos eran mucho más reducidos…

José Tamayo ya era considerado un director de escena reconocido cuando decidió convertirse en empresario "de paredes". Hasta su muerte, el 26 de marzo de 2003, estuvo al frente del teatro que había fundado, si bien en sus últimos años atravesó por graves dificultades económicas. Su último montaje en esta sala fue la reposición de *Enrique IV*, en enero de 2002.

El teatro Bellas Artes desde el escenario. ©Pentación

En la pequeña gran historia de este teatro hay que reseñar su convenio con el Ministerio de Cultura para la fundación del Centro Dramático Nacional. Antes de que se abriera la sede principal, el teatro María Guerrero, José Luis Gómez inauguró la nueva institución escénica el 21 de noviembre de 1978 con *Bodas que fueron famosas del Pingajo y la Fandanga*, de José María Rodríguez Méndez. Pero esta etapa sólo duró tres temporadas y Tamayo recuperó la gestión en julio de 1981. Desaparecido don José, el teatro Bellas Artes podía haber engrosado la larga lista de salas desaparecidas. Pero Jesús Cimarro, productor escénico, se animó a convertirse también en empresario y alquiló el teatro en 2005. Actualmente, en sociedad con Focus, programa también La Latina, tras comprárselo a Lina Morgan.

Las grandes obras

En más de sesenta años, el teatro Bellas Artes ha sido el escaparate para el mejor teatro universal. Ya la obra elegida para el estreno fue una declaración de intenciones. Pero Tamayo quiso incorporar a la cartelera autores españoles sobre los que la censura tenía reticencias. En la segunda temporada presentó *Bodas de sangre*, de García Lorca, y volvió a Valle-Inclán en 1971 con una antológica producción de *Luces de bohemia*. Pero no podemos olvidarnos que Tamayo estrenó en su Teatro *Calígula,* de Albert Camus, 1963; *Madre Coraje*, de Bertolt Brecht, 1966; o *La detonación,* de Antonio Buero Vallejo, 1977. Pero, abierto el teatro a los mejores autores de la segunda mitad del siglo XX, llegaron otros textos muy importantes: *La Celestina*, de Fernando de Rojas, 1965; *Abelardo y Eloísa*, de Ronald Millar, 1972; *Veraneantes*, de Máximo Gorki, 1979; *La gaviota*, de Anton Chejov, 1981 o *Bajarse al moro*, de José Luis Alonso de Santos, 1985. Tras la desaparición de Tamayo ha seguido llegando títulos del repertorio universal: *La cena*, de Jean Claude Brisville, 2004; *La Cabra o ¿quién es Silvia?*, de Edward Albee, 2007, o *Fedra*, de Juan Mayorga, 2007...

El Círculo de Bellas Artes –obra de Antonio Palacios– tiene otro teatro en su gran edificio, la sala Fernando de Rojas. El antiguo cine del palacio sufrió reformas en los años 1984 y 1996 para convertirlo en teatro con programación regular, si bien acoge montajes menos convencionales.

El Teatro Nuevo Apolo

El 10 de diciembre de 1932 se inauguró en la entonces plaza del Progreso (hoy Tirso de Molina) el teatro del mismo nombre: Progreso. Lo conservó hasta diciembre de 1987 cuando, por obra y gracia de José Tamayo, pasó a ser el Teatro Nuevo Apolo. Actualmente es, simplemente, el Apolo.

¿Por qué decidió don José darle este nombre a un cine-teatro de barrio, monumental y relativamente desvencijado? Porque apeló a los sentimientos de una entidad bancaria (quién lo diría) como el entonces BBV. Hay que remontarse al año 1928 y a la calle de Alcalá.

Postal del viejo teatro Apolo de la calle de Alcalá.

En la calle de Alcalá, junto a la iglesia de San José, se abrió, el 23 de noviembre de 1873, el primer teatro Apolo madrileño. Aunque se convertiría en la 'catedral del género chico', la inauguración se hizo con un clásico: *Casa de dos puertas, mala es de guardar*, de Calderón de la Barca, a cargo de una compañía encabezada por Antonio Vico. Fue su ruina. Y tampoco tuvieron suerte los siguientes empresarios. Sin embargo, con estrenos como *La verbena de la Paloma* o *La revoltosa* y, sobre todo con la llamada función 'cuarta de Apolo'[6], consiguieron que se llenara la enorme sala. Hoy nos parece increíble pero en aquellos años, se consideraba que estaba situado lejos del centro. No tuvo una existencia demasiado larga porque cerró las puertas el 30 de junio de 1929. Después, se inició el derribo del edificio para construir uno nuevo destinado al Banco de Vizcaya, que lo había comprado por cinco millones de pesetas. O sea, un banco derribó un teatro y a ese banco, que acabaría siendo el BBV (Banco Bilbao Vizcaya), Tamayo le pidió reparar aquel atropello, financiando la restauración y reapertura del viejo Progreso. Sorprendentemente, lo consiguió, y en recuerdo de la historia, renombró al teatro como Nuevo Apolo, con el patrocinio del banco. Hay otro detalle emotivo. El teatro del Progreso había sido levantado por los hermanos Patuel, los últimos empresarios del Apolo. Cuando entró don José, sus herederos seguían siendo los propietarios.

Para empezar la nueva vida de esta sala optó por una fórmula de éxito asegurado: la *Antología de la Zarzuela*. Se estrenó, con el nuevo nombre del teatro, el 17 de diciembre de 1987. Tenía orquesta, rondalla y cuerpo de baile. La dirección musical corrió a cargo del maestro Manuel Moreno Buendía.

---

6 La cuarta del Apolo era una función nocturna, pues empezaba a las 00.30, que fue muy popular y seguida por un público 'desocupado', entre el que se encontraba el propio rey Alfonso XII.

El teatro Nuevo Apolo en la actualidad.
©Antonio Castro

No permaneció don José muchos años al frente de Nuevo
Apolo, pero aun así, consiguió algunos hitos, como que divos
de la talla de Plácido Domingo o Montserrat Caballé, cantaran
como estrellas invitadas en sus antologías zarzueleras. Anota-
mos uno más: el ya citado en estas páginas estreno en castellano del musical *Los Miserables*, el 16 de septiembre de 1992.
Para conseguir meter la aparatosa escenografía en un espacio
nunca imaginado para esos menesteres, tuvo que realizar una
costosa reforma, construyendo una plataforma giratoria. Sus
esfuerzos fueron recompensados con el éxito de crítica y público. Don José, demostró que seguía teniendo pulso para el
gran espectáculo. Todavía lo demostraría con una producción

original, *¡Madrid, Madrid!,* que no fue tan afortunada como *Los Miserables.* Su dominio de la zarzuela era incuestionable como una legendaria *Doña Francisquita,* estrenada en 1956, cuando también dirigía el teatro de la Zarzuela.

Tras abandonar el Nuevo Apolo, siguió refugiado en el teatro Bellas Artes, donde terminaron sus días como director y empresario. Lo último que estrenó allí fue la reposición del *Enrique IV,* de Luigi Pirandello. Seguramente por las características de su teatro, a dos plantas bajo la calle, su capilla ardiente no pudo instalarse allí.

A pesar de todo este ingente trabajo, a don José no se le concedió el Premio Nacional de Teatro. Sí fue galardonado, en 1991, con la Medalla de Oro al Mérito en las Bellas Artes.

Una familia tras el telón

José Tamayo y su sobrino José Luis. Archivo de la familia Tamayo-Sthole.

Don José Tamayo solo salió al escenario para saludar tras los estrenos. Sus familiares, trabajando en el teatro, tampoco salieron nunca a escena. Los Tamayo han estado -y están- tras el telón.

Ya se ha dicho que su único hermano, Ramón, fue durante décadas, la mano derecha de don José Tamayo en sus empresas teatrales. En 1979 inició otra carrera administrativa al ser nombrado director de Centro Dramático Nacional, formando un triunvirato con Nuria Espert y José Luis Gómez. Sustituían al primer director, Adolfo Marsillach, y sólo permanecieron en el cargo hasta 1981. Ese fue el único trabajo en el que Ramón Tamayo tuvo una dimensión pública, si bien sus compañeros de dirección, mucho más mediáticos, acapararon la mayor atención de los focos. Tras dejar el teatro público, volvió al Bellas Artes junto a su hermano.

Ramón Tamayo tuvo dos hijos de su matrimonio con María Celsa Stolhe, José Luis y Celsa (Panchi) Tamayo. Ambos entrarían en el mundo del espectáculo, siempre tras el telón.

José Tamayo con sus sobrinos-nietos Pepe y Mariana.
Archivo de la familia Tamayo-Sthole.

José Luis Tamayo acompañó a su padre desde niño en muchas de las producciones que ponía en pie su tío. Desde los 14 años aprendió todos los oficios de la escena al trabajar como maquinista y eléctrico en las giras de la Compañía Lope de Vega. Eso le permitió adquirir un bagaje formidable para trabajar profesionalmente y, más tarde, integrarse en el equipo del teatro Bellas Artes. Cuando decidió independizarse de su tío, Adolfo Marsillach le brindó la oportunidad de trabajar con él. Entre los años 1982 y 1988 fue director técnico del Teatro Español y del Centro Dramático Nacional. Al año siguiente comenzó a trabajar en la puesta en marcha del Teatro Real en un proceso que lo devolvería a ser teatro de ópera. Una vez inaugurado, quiso dejar el proyecto pero aún fue su director técnico hasta 1998. Después participó en el diseño de equipamientos técnicos para teatros como el Lliure de Barcelona, el Auditorio de El Escorial y los Teatros del Canal de Madrid. Mientras tanto había fundado su propia empresa -Stolle S.L.- para la fabricación de escenografías mecanizadas. Más tarde pasó a denominarse Stolle Proyectos Teatrales, aunque su vida laboral en el teatro terminó como director técnico del auditorio de El Escorial.

Panchi Tamayo se formó como pianista clásica, derivando en la docencia musical. Durante nueve años fue profesora en la escuela de piano de la Casa Hazen. Después abrió su propia escuela de música en Las Rozas. Decidida a aunar la música con el teatro, se presentó en La Zarzuela, cuando programaba las temporadas operísticas buscando optimizar su formación. En aquel momento necesitaban un pianista para el coro y maestra de luces. Este último trabajo consistía en indicar a los regidores de escena los momentos musicales en los que debían entrar efectos. Más tarde fue pianista repetidora hasta que Emilio Sagi le ofreció ser asistente a la dirección en el Teatro Real. Su vida laboral terminó con la vuelta a la Zarzuela como coordinadora musical hasta el año 2023.

Completan esta familia teatral tras el telón dos nietos de Ramón Tamayo y sobrinos-nietos de José: Mariana y José. José Tamayo, hijo de José Luis, se formó en la producción cinematográfica pero ha acabado trabajando en un mundo en el que no entraron sus mayores: el cine. Se diplomó en Dirección Artística Cinematográfica por el Instituto del Cine de Madrid y ha trabajado como Director de Arte, ayudante y atrecista en distintas producciones audiovisuales.

Mariana Gutiérrez Tamayo, hija de Panchi, también quiso entrar en el como montadora. Al no encontrar trabajo en el sector, hizo un meritoriaje en el Teatro Real para conocer los oficios escénicos. Tras esa experiencia fue contratada por el Teatro Español como coordinadora de salas de las Naves del Español, en el antiguo Matadero de Legazpi.

José Luis y Celsa Tamayo tienen cinco nietos que, tal vez, seguirán la estela de sus mayores en el futuro.

José Tamayo, Pilar Occhi, Isabel Pareja, Celsa Sthole, Joaquín Deus, Ramón Tamayo y Antonio Amengual. Archivo de la familia Tamayo-Sthole.

LA ZARZUELA EN EL HOMENAJE

La soprano María Rodríguez, la pianista Celsa Tamayo y el tenor Julio Morales actua-ron en el homenaje.

La zarzuela fue una de las grandes pasiones de don José Tamayo y uno de sus grandes éxitos, como se ha comentado repetidamente en las intervenciones de su homenaje. El nombre está ligado para siempre al resurgimiento del género en el siglo XX y su difusión por todo el mundo. Nada más lógico, para cerrar el homenaje tributado en el teatro Bellas Artes, que una actuación lírica.

Celsa Tamayo, con larga experiencia como pianista, tanto por su trabajo en el Teatro de La Zarzuela, como por sus actuaciones individuales, actuó como acompañante y directora musical de la breve selección que se interpretó. Dos cantantes, María Rodríguez y Julio Morales, fueron los intérpretes. Curiosamente, ninguno de los dos, por sus edades, pudo trabajar a las órdenes de don José.

La soprano María Rodríguez, licenciada en Arte Dramático por la Real Escuela Superior de Madrid (RESAD) estudió con Josefina Arregui, que fue una de las principales cantantes en las producciones líricas de Tamayo. Su formación lírica se completó con cursos y clases magistrales en Italia y España. Profesionalmente, ha interpretado óperas y zarzuelas en España, Italia, México y Estados Unidos. Actualmente está al frente de su propia sala de conciertos en Madrid, bautizada como *El rincón de la Rodríguez*.

El tenor santanderino Julio Morales inició sus estudios de canto en su ciudad natal, completándolos en la Escuela Superior de Canto de Madrid y cursos con profesionales de la talla de Victoria de los Ángeles, Alfredo Kraus o Raina Kabaivanska. Fue premiado en los certámenes de canto Francisco Viñas y Plácido Domingo para Jóvenes Talentos. Desarrolla una carrera internacional en teatros de ópera, de zarzuela y en conciertos como solista.

ADHESIONES

Audiencia de los Reyes de España a la compañía de Tamayo. 1987.
Archivo de J. Bartek.

SEIS AÑOS CON DON JOSÉ

Por María Dolores Font Marco
Cantante y gerente de compañía

Mi relación con don José Tamayo arranca desde el día que nací, en noviembre de 1960, según me contó mi madre, la maestra Dolores Marco. Ese día Tamayo llamó a mi padre, José Font, para ver si podía venir a Madrid unos días porque tenía una idea. Mi padre, compositor de sardanas, ballets, director de orquesta, tenía un nombre en el mundo de la zarzuela. Don José quería hacer un espectáculo del género y esperaba que mi padre le diera ideas, títulos, romanzas… Ante la inminencia del parto, y de que ya tenían dos hijos pequeños, mi padre se disculpó pero Tamayo acabó convenciéndolo para que fuera con la mujer embarazada, dejando a los niños con los abuelos. Mi padre tenía más de trescientas partituras de zarzuela y opereta. Con mi madre al piano, y con las partituras de mi padre y las ideas que iba soltando Tamayo, empezó a gestarse la *Antología de la Zarzuela*. Alguna vez me han dicho que yo era más 'tamayista' que Tamayo: no podía ser de otra manera al estar en la barriga de mi madre mientras se gestaba el espectáculo. Todas las músicas las había oído yo antes que nadie. Finalmente, la *Antología* se estrenó en 1966, cuando mi madre ya había enviudado y estábamos en Perú.

Volvimos a España en los años setenta. Mi madre comenzó a trabajar con Juanjo Seoane, pero Tamayo la llamó para que montara los coros de *Carmen,* que se iba a hacer en la plaza de toros de Las Ventas, en 1979. Ese año hubo algún problema y no se pudo estrenar. Lo hizo al año siguiente, pero mi madre ya no participó. Saltamos hasta 1992, con la Expo de Sevilla, cuando Tamayo llamó otra vez a mi madre para hacer la *Antología* y ya siguió con él cuatro o cinco años, viajando por todo el mundo. La zarzuela fue la pasión de mi madre. Debutó al frente de una orquesta, con 17 años, dirigiendo *Los gavilanes*, de Jacinto Guerrero. Primero era la música y, después, nosotros. Como tantos hijos de artistas tuvimos que sufrir las ausencias por trabajo de los padres. Ella era feliz con la zarzuela, podía estar horas y horas ensayando. En América la anunciaban como la primera mujer directora de orquesta. Es cierto que había otras que acababan la carrera, pero no se metían al foso a dirigir una gran orquesta.

Respecto a mí, desde los dieciocho años hasta los veintidós estuve en el coro mientras cursaba otros estudios. En 1982, tras unas audiciones --que ya se hacían-- entré a hacer la temporada de la *Antología* en el teatro Monumental. Después de actuar en unas pocas plazas, me propuso incorporarme a la gira por Hispanoamérica durante seis meses. En el primer vuelo, camino de Cuba, vino Antonio Díaz, que era el gerente y el hombre para todo, y me propuso que le ayudara en la logística de la compañía, además de seguir en el coro. Yo ya había trabajado en oficina, así que tenía experiencia, por lo que acepté. Durante los seis meses que duró la gira, yendo oficialmente de corista, me dedicaba por las mañanas a recoger visados, convencer a las embajadas, preparar documentos, porque viajábamos 91 personas y en los consulados no daban abasto. A la vuelta de América comencé a trabajar para la compañía de Antonio Amengual, con quien estuve cuatro o cinco años. Finalmente, me reclamó Tamayo para ir de gerente en una nueva gira americana, en la que recorreríamos seis países en un mes. Estuve con él entre 1991 y 1996, con un ritmo agotador. Se acababa en Madrid en diciembre, y en enero se iba a

Montaje de *Doña Francisquita* de 1991. Teatro Nuevo Apolo. Foto del programa.

Japón. Pero yo no fui, necesitaba descansar. Estuve sola como gerente de compañía en el montaje de *Doña Francisquita* del Nuevo Apolo, con 150 trabajadores en la compañía. El año 1996 fue el último que trabajé para él.

La verdad es que sobre la manera de dirigir de don José podrían haber hablado sus colaboradores más próximos, pero casi todos han fallecido: Antonio Corencia, Antonio Díaz Merat, Antonio Ramallo… Aunque los contrataba como ayudantes suyos todos habían dirigido, y acababan siendo también los directores prácticos de sus espectáculos. Se reunía con ellos al iniciar una nueva producción, les explicaba sus ideas y luego aparecía por los primeros ensayos. Cuando los ayudantes le informaban de que, más o menos, ya estaba en marcha el espectáculo, iba don José a dar el visto bueno. Podía ocurrir que le gustara lo que se había hecho hasta entonces o que dijera que, de lo hecho, había que hacer justo lo contrario. Como él se dedicaba a tantas cosas, no podía estar permanentemente al corriente de los ensayos, así que el trabajo grueso lo hacían los ayudantes. Lo mismo con el ballet: se reunía con Alberto Lorca, le pasaba sus ideas y luego se limitaba a decirles por dónde entraban o por donde salían.

Él, realmente, no tenía una gran plantilla para la gestión. Obviamente, había una oficina pero él trabajaba mucho desde casa, vía teléfono. Para la *Antología*, que es lo que yo viví, estaban Antonio Ramallo, Antonio Diaz Merat o Antonio Corencia, que le ayudaban en todo lo artístico. Luego entró a trabajar con él Jim Barteck, que estuvo hasta el final, dedicado sobre todo a las relaciones internacionales, y Juan Tébar que se ocupaba de las cosas cotidianas. Don José recibía en su casa, desde los artistas a los empresarios. Hablando de la *Antología*, cuando se cerraba el contrato en una ciudad, yo

Alfredo Kraus y Enrique R. del Portal en la *Antología de la Zarzuela*. Archivo de Enrique R. del Portal.

me encargaba de la organización de la compañía, viajes, alojamientos… Lo que negociaba él con los teatros, lo hacía desde su casa, de manera que yo no tenía datos sobre eso. Tamayo se pasaba la mayor parte del día en trabajos administrativos y por la tarde/noche iba a los ensayos. Como en la *Antología* era prácticamente siempre el mismo equipo, cuando había que salir trataba de levantar el teléfono y comunicar a cada uno de ellos los datos de los viajes, horarios, días, etc. Uno por uno, ya que entonces no había otras comunicaciones. El trabajo de zarzuela nos lo repartíamos entonces Antonio Amengual, Juanjo Seoane y nosotros. Así que, aun sin ser fijos, los equipos se mantenían estables salvo que alguna figura tuviera otras ofertas mejores. Pero es que dábamos mucho trabajo.

Cuando le interesaba contratar a algún artista, se contactaba con él y se le citaba en su casa. Si aceptaba trabajar, pasábamos nosotros a gestionar las condiciones. Salvo con las estrellas, claro. Las de Alfredo Kraus, por ejemplo, las trataría don José directamente. Otra cosa es que yo, que tramitaba las nóminas, supiera finalmente lo que cobraban. Pero nuestra responsabilidad eran el ballet, la orquesta, los coros y algunos solistas. En el trato directo don José era cordial, bonachón, aunque cuando decía que no a algo, era inapelable. Recuerdo que, por casualidad, me tocó intervenir en un contrato para Barcelona en el que no se ponía de acuerdo con una cláusula del teatro. Llegamos a la ciudad sin haber firmado el contrato y comenzamos a montar sin esa firma. No recuerdo quién cedió --supongo que el teatro-- porque si Tamayo decía que no, era inamovible.

En la famosa gira de seis meses por América, estábamos en Barranquilla y se sintió enfermo, teniendo que realizarle una pequeña intervención. Ese día viajábamos a otra ciudad, aunque él tenía que guardar unas horas de reposo y no podía ir con la compañía. Yo me ofrecí a quedarme con él y volar juntos más tarde. Cuando estuvo listo, nos dirigimos al pequeño aeropuerto, yo con un bolso, un porta trajes suyo y la máquina de escribir. Nos encaminamos hacia la pista después del pasar el control y cuando iba a subir al avión, me di cuenta de que no me seguía don José. Pregunté por él y nadie supo darme razón. Finalmente lo vi aparecer en la pista con un helado de chocolate en cada mano, riéndose y diciendo: "con este calor he supuesto que te apetecería un helado". El avión no despegaba hasta que nosotros subiéramos, pero él estaba allí, feliz como un niño, con su helado. Todo el mundo en el avión criticó esa frivolidad que estaba retrasando el vuelo, pero para mí fue un rasgo tan humano que nunca he olvidado su imagen, en medio de la pista de un aeropuerto, con un helado en cada mano.

En el teatro Apolo de Madrid tuvimos en una ocasión problemas de montaje y una persona, que no viene al caso, se metió conmigo de mala manera. Yo siempre entraba en los montajes con el primer técnico y me iba con el último. Esta vez, ante un estreno inminente, sobre las tres de la madrugada hubo un problema que iba a obligar a suspender el ensayo general. Como aquello no podía ser, la solución pasaba por hacer unas horas extras para arreglar el problema. Me puse de acuerdo con los técnicos en que, si la empresa del Apolo no pagaba esas horas extra, las asumiría la producción de la *Antología*. A las nueve de la mañana estaba todo resuelto. Llego a mi casa y me llama la gerente del teatro, hecha una furia porque yo había negociado con sus trabajadores. El día del estreno seguía enfurecida y le pedí a don José hablar en privado para explicarle la situación. Antes del estreno, estando en la sala, me llaman por microfonía para que fuera al despacho de Tamayo. Llego y me pide que cierre la puerta. Entonces me dice: "Mira, María Dolores, la gerente me exige que te monte una bronca, por eso te he llamado por microfonía, para que se entere de que estás aquí. Pero tú y yo --abre un cajón-- nos vamos a comer un flan y que esa piense lo que quiera. Sé lo que has hecho y cómo has salvado el estreno, así que tienes mi agradecimiento. ¿A ti vale esta componenda?". Si a usted le vale, le dije, a mí también. Y nos comimos el flan. Después de un cuarto de hora salí del despacho y allí estaba, sonriente, la agraviada, pensando que me había metido un gol.

Una última anécdota. En el contrato de Barcelona que acabo de citar, me hicieron cambiar una cláusula a cuarenta y ocho horas de viajar porque la compañía se negaba a aceptarla. Le expliqué por activa y por pasiva que aquella cláusula --la trece-- no se podía modificar. Él se empeñó en que sí y tuve que convencer, uno por uno, a todos de que la aceptaran. Acabaron haciéndolo porque eran tres meses de trabajo. Así que me fui su casa, con todos los contratos firmados y le dije: "Aquí tiene los contratos, pero le emplazo a que, cuando lleguemos a Barcelona y firme la primera nómina, pague lo que realmente les corresponde". Así lo hizo. Al menos conmigo, cuando le argumentabas las cuestiones, acababa cediendo. En este caso, teniendo unos contratos firmados a los que podía acogerse, acabó pagando lo que le dije porque no era legal lo que quería hacer.

Cosas de don José Tamayo.

UNA LLAMADA DESDE MADRID

Por Ángel Fernández Montesinos
Director de escena

Aurora Redondo y María Isbert en *Arsénico y encaje antiguo*. Teatro Bellas Artes. 1987. ©Jesús Alcántara/Archivo Fernández Montesinos.

¡93 octubres! Bueno, casi 94 octubres impiden que esta noche mis pasos se dirijan al teatro Bellas Artes, sede durante tantos años de don José Tamayo.

1952: en el teatro Romea de Murcia la Compañía Lope de Vega estrena *La muerte de un viajante,* de Arthur Miller con un éxito rotundo. Yo, que sólo era un miembro del Teatro Universitario de Murcia, quedé deslumbrado viendo allí el nuevo camino que emprendía el teatro en España.

Tuve la suerte de presenciar casi todos los estrenos y éxitos de don José, como yo lo llamaba siempre. Fue un auténtico revolucionario del teatro y en la mente de todos queda el recuerdo de que avanzó lo que sería el nuevo estilo del teatro en España. Siempre recordaré la actuación de su Compañía Lope de Vega, *Calígula, Seis personajes en busca de autor, Doña Francisquita*…, demostrando los valores teatrales del género lírico con montajes llenos de inventos, luces maravillosas, movimientos y una nueva manera de hacer el género. ¡Qué emoción la noche del estreno de la *Antología de la zarzuela* en la Plaza Mayor de Madrid! Por todo eso y por mucho más, encuentro necesario y emocionante este homenaje o, tal vez, el rescate del olvido de quien fue figura primordial en el teatro español.

Me encontraba yo preparando el estreno en Valencia del musical *Mamá, quiero ser artista*, interpretado por una pareja de estrellas tan queridas y admiradas por mí -Concha Velasco y Francisco Valladares-, cuando recibí una llamada telefónica desde Madrid. Era don José: "¿Te interesa dirigir el próximo estreno del teatro Bellas Artes?" Por supuesto que acepté. La producción sería de Tamayo y su magnífico equipo, y el montaje y dirección míos. Se trataba de estrenar *Arsénico y encaje antiguo*, de Joseph Kesselring, versión de un gran éxito cinematográfico. Los principales intérpretes serían Aurora Redondo, María Isbert, Joaquín Kremel, Félix Navarro… Y para la escenografía contábamos con la veteranía y arte de Gil Parrondo (ganador del Oscar por *Patton*), y el vestuario de la producción estaría diseñado por Ivone Blake, Oscar por *Nicolás y Alejandra*. Aquello era un regalazo, un sueño al alcance de muy pocos. Siempre recordaré aquella época feliz, ensayos, tertulias en el despacho y siempre hablando de lo mismo, de teatro. Han pasado muchos años. pero quiero que llegue mi mensaje, mi recuerdo, mi admiración y amistad por don José. Yo siempre le llamaba así.

EL JUEGO DEL ABANICO

Por Milagros Martín
Soprano

Conocí a José Tamayo en la audición a la que me presenté para actuar en la *Antología de la Zarzuela*. Se hacía en el sótano del teatro Nuevo Apolo y canté primero *De España vengo*, de *El niño judío*. En la segunda romanza de la Beltrana solté un gallo muy considerable. Aunque me dio la risa, le pedí si podía empezar otra vez y me lo permitió. Se suponía que iba a sustituir a Mari Carmen Ramírez en su romanza de *Doña Francisquita*. Ella hacía un brillante juego del abanico, subida en la calesa de la escenografía. Yo no tenía ni idea de mover un abanico. Algunos de los que estaban por allí comentaron: otra *cantonta*. Existía la creencia de que los cantantes éramos como palos, que no sabíamos movernos en un escenario. Pero Tamayo me defendió y ordenó que se hicieran conmigo todos los ensayos que fueran necesarios. ¡Y vaya si le di juego al abanico! Hasta se me abrió la muñeca. Después me hice muy amiga de toda la compañía.

Participé en varias ediciones de la *Antología*, y en el montaje de *Doña Francisquita* de 1995, con el que tuve el honor de actuar junto a Alfredo Kraus en su última representación de esta obra. Viajamos por todo el mundo, desde Rusia a Japón, pasando por Australia. En la Ópera de Sídney tuvimos uno de los éxitos más apoteósicos. Tras el final con la jota de *La Dolores*, aparecieron banderas de España, que nos pusieron la carne de gallina. Don José sabía elegir muy bien las piezas que componían el repertorio. Al ser un género exclusivamente nuestro, sus ritmos, sus melodías, sorprendían a los espectadores, desconocedores de la zarzuela. Y aunque en cada sitio siempre aparecía una colonia española que venía a aplaudirnos, el éxito era total entre todos los públicos. El japonés es especialmente receptivo con nuestra música y baile. Cuando hacían gira allí, siempre se organizaban encuentros, cursos, clases magistrales con los miembros de la compañía.

Tamayo no participaba mucho en los ensayos cotidianos. Su equipo iba montando el espectáculo -supongo que él les daba instrucciones- y, si acaso, intervenía en algún dúo o romanza que requiera cierta actuación. Las *Antologías* no tenían escenografías corpóreas muy aparatosas, por eso se podían representar en tantos sitios distintos. Pero la iluminación era extraordinaria. Ahí Tamayo sí que fue un precursor. Entendió que con la luz se podían conseguir grandes efectos y atmósferas. Además, estaba el ballet. Los cantantes siempre decíamos que nosotros salíamos a cantar para que los bailarines tuvieran

Carteles de la *Antología de la zarzuela* de distintas épocas y lugares.

tiempo de cambiarse de ropa. Es que el vestuario era extraordinario y se hacía para cada *Antología*. Los solistas podíamos tener unos seis cambios en cada representación.

Don José no tenía demasiado trato personal con la compañía, aunque estaba al corriente de todo. En una ocasión, en la Expo de Sevilla, antes de cantar las Carceleras de *Las hijas del Zebedeo*, de Ruperto Chapí, se me rompió el vestido. Como tenía que salir, me envolví en un mantón de Manila y así actué. Después quise disculparme con Tamayo, pero le había gustado tanto el efecto que, a partir de ese día, salía con el mantón. Cuando algo le sorprendía -y gustaba- no dudaba en incorporarlo.

Tuve suerte de estar en su compañía en unos años en los que había mucho trabajo. Actuábamos durante gran parte del año. En España nos desplazábamos en autobuses en los que, algunas de las primeras figuras, todavía exigían asiento en la primera fila y, a veces, dos para una sola. Antes de llegar a cada ciudad, Antonio Ramallo reclutaba a los figurantes. Pero no para que hicieran bulto solamente, no. Les montaba hasta algunas de las coreografías del espectáculo y, la verdad, todos estaban encantados. Éramos un equipo que funcionaba.

Mi relación con don José fue cuando él ya era una persona mayor, por lo que no puedo opinar sobre sus trabajos anteriores. Sí tengo que agradecerle su confianza en los primeros años de mi carrera, que hizo posible que en otros maestros, como lo fue José Luis Alonso, me permitieran ensayar el juego del abanico. Hoy lo muevo como nadie.

MI DEBUT EN LA ANTOLOGÍA

Por Margarita Marbán
Soprano

Antología de la Zarzuela

Trabajé con José Tamayo en varios espectáculos y estilos, iniciando precozmente mi carrera artística. Solo tenía 15 años cuando entré el coro de su compañía para la *Nueva Antología de la Zarzuela*, que se estrenaría en el teatro Nuevo Apolo de Madrid. Con 11 años pude hacer exámenes de ingreso en el Conservatorio por una serie de despistes de los encargados de la documentación de acceso. El caso es que, a los 15, ya conocía el gran repertorio lírico, aunque yo me había presentado con una ranchera y sin acompañamiento musical.

Nos enteramos de que se habían convocado audiciones para la compañía y mi padre me acompañó a realizarla. Preguntó por don 'Alberto' Tamayo. Le di un codazo. En la compañía trabajaba la maestra María Luisa Castellanos, con la que había estudiado. Posiblemente ella, que era la encargada de la primera criba de los aspirantes, me echara una mano. Y empecé en el coro. Una mañana, Antonio Corencia, ayudante para todo de don José, me llamó a casa: "La soprano que canta la romanza de *Doña Francisquita* se ha puesto enferma. Ven pronto al teatro, que la sustituyes". Yo, feliz, aunque a lo largo de las horas me convocaron y desconvocaron varias veces, porque pensaban que una chica de 15 años no era adecuada para *Doña Francisquita*. Mi madre, con buen ojo, me aconsejó que llegara pronto al teatro. Nada más aparecer, me cogió Corencia y me prepararon para el papel. Debuté como soprano solista cantando la 'Romanza del Ruiseñor' de *Doña Francisquita*. Soy soprano coloratura. Conmigo debutó también el tenor Enrique Ferrer.

Al señor Tamayo no lo vi mucho. La *Antología* era un espectáculo muy rodado y se montaba por las distintas secciones. Don José acudía a algún ensayo, se sentaba en el patio de butacas y, si algo no le parecía bien, daba correcciones al responsable de la sección. La verdad es que aprendimos mucho con sus notas de trabajo.

Podíamos ser setenta u ochenta personas en el escenario, dentro y fuera. Los bailarines resultaban lo más espectacular, con escenografías que parecían mucho más aparatosas de lo que eran. Con maestría, empleaba recursos muy eficaces. En la *Nueva Antología* hacía su aparición la Virgen del Pilar al fondo del escenario. Los cantantes no necesitábamos saber que había llegado el momento: el público enloquecía y así sabíamos que se había aparecido la Virgen.

Tantas personas en un escenario y entre cajas, provocaba un caos no siempre controlado en el madrileño Nuevo Apolo. Algunos podíamos llegar a tener doce o catorce cambios de ropa en la representación. Mientras estuve en el coro, las chicas nos cambiábamos en un camerino habilitado junto a la lavandería. Los chicos y la sastrería, en el último piso del teatro. Eran dos horas y media escaleras arriba, escaleras abajo. En una función, cuando estábamos en escena haciendo el número *Islas Canarias*, vi a Corencia entre cajas haciéndome gestos exagerados. No entendía qué pasaba hasta que comprobé que uno de los chicos, que aparecían por detrás y con los que formábamos pareja, no había aparecido. Me quedé sin pareja porque el ausente se había caído por las escaleras de camerinos en el cambio de escena y se había roto una pierna. Raro fue que no nos pasaran más sucesos así.

Estuve con la *Antología* tres temporadas girando por España. Me propusieron ir a la gira por Suramérica, pero mis padres no me dejaron. Volví a la empresa de Tamayo cuando iba a montar *Los Miserables*, que producía don José junto a Plácido Domingo y Cameron Mackintosh. Estuvimos dos años en Madrid, renegociando condiciones laborales y no siempre al alza. Cuando se nos había anunciado que haríamos temporada en Barcelona, se vino abajo, como se ha contado antes en estas páginas. Ahí terminó mi experiencia con ellos.

Don José estaba al frente de un gran equipo y tenía varios espectáculos a la vez, tanto en lírica como en teatro. Éramos tantos, dado que los espectáculos musicales siempre reunían un gran número de artistas, que durante años pensé que yo era solo un número para él, máxime siendo tan joven. El caso es que, cuando terminamos con la producción de *Los Miserables*, en 1993, mientras me dirigía con otra compañera a trabajar, me lo encontré sentado en una terraza en Aranjuez y me acerqué esperando que pudiera recordarme tras el gran éxito del musical. Entonces me presenté y le dije que quería saludarlo, que era la actriz que había trabajado con él en *Los Miserables*. Enseguida me dijo: "Claro, eres la benjamina de mi compañía, porque tú hiciste con 15 añitos *Doña Francisquita* en la *Antología*, ¿verdad?". Desde ese día mi admiración hacia él creció aún más. Fue una persona que tenía las ideas muy claras y sabía perfectamente lo que hacía en cada espectáculo, tenía todo absolutamente controlado en su compañía, aunque pareciera que no. Un maestro en todos los sentidos.

ENTUSIASMO CONTAGIOSO

Por Silvia Marsó

Actriz

Silvia Marsó en *Doña Rosita la soltera*. Teatro Bellas Artes, 1998. ©Daniel Alonso/CDAEM

Nunca había trabajado con él, pero nuestros mayores me habían hablado mucho de sus grandes giras internacionales con la Compañía Lope de Vega. Y de su valentía al estrenar a autores que en España no se representaban, con la censura tan activa en aquellos tiempos. Porque trabajando en su compañía, un actor podía llevarse una maleta cargada de ropa invernal y veraniega y no volver a su casa hasta al cabo de seis meses. Así funcionaba Tamayo, recorriendo el mundo entero, llevando a nuestros autores y compositores por doquier. Algo que ahora parece un milagro imposible. Así se fraguó una carrera prestigiosa y colmada de éxitos.

Por eso, cuando me llamó para interpretar *Doña Rosita la soltera*, de García Lorca, no lo dudé ni un segundo. Era el centenario del nacimiento del autor, 1998, y la primera vez que interpretaba un texto del poeta. Y también mi primera vez con Tamayo que, aun teniendo una extraña dificultad en la ejecución vocal (que tan maravillosamente imita Carlos Hipólito), se hacía entender, y sabía sacar lo mejor de nosotros. Don José, como me gustaba llamarle, era un genio. Alguien que sabía perfectamente cómo atrapar al público en cada momento y dotar de poesía y emoción los pasajes culminantes de sus espectáculos.

Recuerdo la primera vez que doña Rosita recitaba en los ensayos el poema: "Alhambra, calle de Elvira, donde viven las Manolas…". Cuando terminé, subió al escenario emocionado, tomándome por los hombros y zarandeándome mientras exclamaba con mucho ímpetu unas frases indescifrables que mostraban gran entusiasmo. Supongo que siendo granadino, esas palabras lorquianas sobre su tierra debieron sacudirle sus recuerdos de juventud. Había mucho amor en ese hombre. Y derrochaba sensibilidad por los cuatro costados.

La música de nuestro espectáculo la compuso su amigo Antón García Abril, alguien a quien también admiraba muchísimo, ya que sus melodías inolvidables (*El hombre y la tierra, Anillos de oro, Fortunata y Jacinta*, etc.) formaron parte de mi infancia. Recuerdo que desde muy pequeña, su música me conmovía. Cuando compuso las canciones para los poemas de Lorca, me parecieron bellísimas, y aún recuerdo el día en que le cantamos a don José por primera vez esos versos musicalizados.

Nunca olvidaré el día que empezamos a ensayar el tercer acto de la obra, concretamente la parte más dramática, cuando Rosita, antes de abandonar la casa para siempre, se aferra al paquete de cartas que le envió el primo, su prometido, desde América …, y en un gesto de mi personaje en el que, derrotada, caía de rodillas y alzaba con las dos manos el paquete de cartas, con un ahogado y mudo aullido de dolor, se rompió el lazo que las sujetaba, y cayeron sobre mi cuerpo esparciéndose como una catarata de hojas, mezclándose con las lágrimas de Rosita. En ese momento, desde la oscuridad del patio de butacas, se oyó un alarido - literal, no exagero-: don José sacó su emoción más animal y todos nos quedamos en silencio, asustados. Acto seguido gritó algo parecido a "¡siempre así, siempre así, como ahora!". Frase que tradujo el ayudante de dirección, siempre atento a las palabras de Tamayo.

Su entusiasmo era contagioso, te hacía sentir que cada momento era único, que estabas acertando y que tu director, al que tanto admirabas, se emocionaba contigo.

Si no, yo no hubiera sido capaz de interpretar un personaje tan difícil siendo tan joven.

Estrenamos en el Bellas Artes de Madrid y después en la Expo de Lisboa y, cómo no, tuvo una gran gira por España.

Gracias, don José, por tanto. Fue uno de los trabajos más enriquecedores de mi vida. A nivel humano y profesional.

TAMAYO EN MI VIDA TEATRAL

Por Juan Meseguer
Actor

Todos eran mis hijos, de Arthur Miller, con Juan Meseguer, Agustín
González y Fernando Huesca. Teatro Bellas Artes. 1988.
Archivo de Juan Meseguer.

Don José…Tamayo…don José Tamayo…Yo también per-
tenecía al club de los que le llamaban don José. En los años
en que tuve la suerte de observarlo, mientras trabajaba en su
compañía, creí comprender por qué todos los actores, técnicos
y trabajadores en general, lo trataban con esa deferencia. Tenía
que ver con su dificultad para hablar con fluidez, para comuni-
carse sin exteriorizar su problema nervioso, que trascendía a sus
cuerdas vocales, lo que, unido a su peculiar acento granadino, le
confería un gracioso modo de hablar, que a veces resultaba inin-
teligible para muchos de sus interlocutores. Esa peculiar dificultad, y la preservación de su vida íntima, aunque conocida por

todo el mundo, era respetada y asumida por quienes se acercaban a su persona. Eso le procuraba un cierto halo de respeto, de misterio incluso. Don José era don José, y había que acercarse a su posición asumiendo ese grado de lejanía en el que él mismo o los demás le habían instalado. De hecho, yo había tenido más relación con don José cuando coincidíamos con él en Murcia, mientras yo formaba parte del grupo de teatro Arlequín o más tarde del Teatro Universitario. En aquellas ocasiones, y gracias a mi amistad con César Oliva, tenía la posibilidad de escuchar las sentencias y los chascarrillos de ese avispado granadino. Al formar parte del elenco que trabajaba en su teatro, ese halo de respeto, o misterio, se hacía más patente. Y aquello se producía de una forma automática y natural. Supongo que ese trato se acercaba cuando don José se relacionaba con alguna gran figura, como pudiera ser José María Rodero, pero en general ese trato respetuoso se extendía por toda la profesión.

¿Qué le debo yo a Tamayo? Mucho. Aunque no pueda decir que fue el director con quien más trabajé, sí tengo que reconocer que fue el artífice de que yo me dedicara profesionalmente a esta noble profesión. Él fue quien me contrató para una obra que iba a dirigir en el teatro Bellas Artes, provocando que me decidiera a trasladarme a Madrid desde mi Murcia natal, y abandonara mi segura profesión –a la sazón, profesor de Derecho Civil en la Universidad de Murcia–. Ese ofrecimiento contractual se culminó en el escenario del Aula Juan del Encina, de Salamanca, en presencia de mi buen amigo José Martín Recuerda, a la finalización de la representación de *El Fernando*, espectáculo del T.U., con el que no pudimos llevar a cabo todas las representaciones que se merecía por culpa de la bendita censura. Recuerdo, como si fuera hoy, las palabras de don José: "Pide una excedencia en tu trabajo. En esta profesión nunca se sabe". "Don José -contesté yo-, en mi trabajo actual es imposible pedir una excedencia. Ya me las apañaré."

Este ofrecimiento venía de tiempo atrás. En las muchas conversaciones que Tamayo mantenía con César Oliva, le comunicó que iba a dirigir una obra con gente joven, y le pidió que le recomendara algunos de los que trabajaban en el Teatro Universitario. Allí que me fui, con otros compañeros, y no ocurrió nada concluyente tras la prueba a la que estuve sometido y que me es imposible recordar sobre qué versó[7]. Sí me quedó un comentario, referido a mí, de lo más elogioso. Estas fueron sus palabras: "Es como un buen jugador de fútbol -Tamayo era acérrimo aficionado a ese deporte-. Puede jugar de defensa, de delantero y de lo que sea". De ahí, al escenario del Juan del Encina y al tren que me llevaría a Madrid para iniciar los ensayos de una obra de Joaquín Calvo Sotelo. *Un hombre puro* era su título, pieza que no lograría su inmortalidad, pero que imagino que debería ser un compromiso con Calvo Sotelo, seguramente en pago por el éxito de las negociaciones para el alquiler del teatro Bellas Artes, ya que don Joaquín era el presidente del Círculo de Bellas Artes. No hubo mucha suerte con esta obra ni con la siguiente, *El rehén*, de Brendan Behan, ésta dirigida por José María Loperena, pero vigilado el reparto por Tamayo, con Jaime Blanch y una joven Carmen Maura de protagonistas.

A pesar de mi corta presencia en el teatro Bellas Artes, yo ya estaba apalabrado para participar en la apertura de la temporada del teatro Español con *Tirano Banderas*, de Valle-Inclán. Con este título realicé mi primer viaje profesional, ya que esta producción fue llevada al Teatro Español de Barcelona, en donde terminó. Yo corté momentáneamente mi relación con la Lope de Vega, porque me quedé en Barcelona, contratado por Juan Antonio

---

7 Comentando este extremo con César Oliva, él se acordaba de que Tamayo le dijo que fuera él quien hiciera las pruebas en el escenario del Bellas Artes, que él lo veía desde el patio de butacas. Seguramente elegimos algunos fragmentos de *El mono peludo*, de O'Neill, que acabábamos de estrenar con el T.U. de Murcia, ya que los tres o cuatro compañeros que acudimos a las pruebas habíamos participado.

Hormigón. Volví a la compañía y al teatro Bellas Artes con una pequeña participación en *La vida es sueño*, de Calderón. Y desde entonces, sólo fui llamado por don José para sustituir a Pedro Mari Sánchez, encarnando a Quereas en la obra de Albert Camus, *Calígula*, con Luis Merlo como el tirano emperador.

Este paréntesis de años en los que no tuve relación laboral con Tamayo respondía a mi intención de trabajar con infinidad de directores que me pudieran aportar diversas ópticas de mi trabajo. Pero eso no significa que paralizara mi relación amorosa con el teatro Bellas Artes, ya que trabajé en él en muchas ocasiones, con Alcava, bajo la dirección de José María Morera; con César Oliva, con Ángel García Moreno... y, recientemente, con Magüi Mira.

En la distancia corta con el director José Tamayo debo confirmar, como otros compañeros, que no era un director que estuviera demasiado encima de los actores. Ante todo, era un excelente jefe de casting. Elegía cuidadosa y certeramente los actores de cada producción y daba pautas que servían milagrosamente para encarar cualquier personaje. Yo recuerdo dos notas que me regaló. Una de ellas, en la primera obra en la que nos encontramos y en la que yo acometía mi trabajo con todas mis ansias y toda la fuerza de la que era capaz. En una escena en la que yo me enfrentaba a mis compañeros de reparto, Tamayo me observó y concluyó: "Cuidado, Meseguer, esto no es teatro clásico. Es más normal". En otro momento, en una obra representada en el Colegio Mayor Elías Ahúja, en donde era Tamayo espectador, *Edipo en Hiroshima*, de Luigi Candoni, en la que yo jugaba como me daba la gana con un personaje cambiante en cada escena, el bueno de don José me aconsejó: "Aunque sepas hacer muchas cosas, debes hacer la función en la que estás y no actuar por libre, por muy bien que lo hagas". Nunca he olvidado esas pautas, esenciales para la formación de un actor.

Gracias, Tamayo, por traerme a este mundo, que hice mío.

DEL KIOSCO AL TEATRO

Por Lola Hisado

directora de producción

José Tamayo y Lola Hisado durante una
gira por Japón.

Cuando presenciaba las representaciones espectaculares de
la Compañía Lope de Vega, de José Tamayo, en el Teatro Romano de Mérida, ciudad donde nací, no podía imaginar que
después de algunos años, iba a formar parte de la Empresa de
José Tamayo, como Directora de Producción.

Las representaciones del Teatro Romano de la Compañía
Lope de Vega, eran un acontecimiento artístico en cualquier
lugar. Autobuses procedentes de toda España y Portugal, lle-

naban Mérida en el verano caluroso, significando un acontecimiento para la vida de la ciudad. Ese despliegue escénico de actores, figurantes y, en algunas obras, hasta caballos, nos dejaban anonadados por la grandiosidad

Mi afición al teatro me hacía acudir cada año a presenciar con autentica devoción las representaciones. Y con la particularidad añadida de disfrutar, después de las funciones, en la terraza del Kiosco Jauja, en la Plaza de Mérida, propiedad de mis padres, de la amistad de actores y directores, compartiendo la velada nocturna con ellos. En uno de los montajes, *Calígula*, conocí a quien sería una actriz importante de nuestra escena, María José Goyanes, con quien entable amistad que, años después sería, la mano que me introdujo al mundo teatral, en los años 70. Casada con Manuel Collado, otro grande del teatro como productor, compartí con ellos no solo trabajo -ahí aprendí el oficio de la producción- también lazos familiares, pues conviví en su casa varios años, hasta que fui abriéndome otras puertas en el mundo teatral con otros productores y compañías. Desde 1970 a 1980, fui alternando el trabajo en la organización Collado, con otras compañías teatrales y de zarzuela, como la Compañía Lírica Isaac Albéniz, de Juan José Seoane, otro grande como productor.

Fue ya en 1981 cuando entré como representante en la producción de la Compañía Lope de Vega, justamente en Mérida con *La cena del rey Baltasar*, auto Sacramental de Calderón con José María Rodero como protagonista. No solo se representó en Mérida, sino en otras muchas ciudades de España.

Desde 1981 a 1985 continué alternando mi intervención en la Compañía Lope de Vega, con otras pero, en este periodo participé en la Antología de la zarzuela en las representaciones en el Teatro Châtelet, de Paris. Después, gira por varias ciudades de Francia, el Reino Unido, en Londres y en el Festival de Edimburgo hasta llegar a la gran tournée en Japón. Y después la Antología, ahora con la intervención de Plácido Domingo en la gira por Estados Unidos.

De 1986 a 1987, otro paréntesis fuera de la organización Tamayo formando parte del equipo fundador de la Compañía Nacional de Teatro Clásico, bajo la dirección de Adolfo Marsillach, en el teatro de la Comedia de Madrid. Fui como Directora de Producción. De1988 hasta 2006 fui también Directora de Producción en los teatros madrileños Nuevo Apolo y Bellas Artes.

Con la habilidad graciosa e inteligente que poseía nuestro querido don José Tamayo, consiguió que el BBV patrocinara el teatro Nuevo Apolo, aportando los costes del teatro como empresa de paredes y la Empresa Tamayo, podía realizar producciones propias y ajenas en el mismo. En este teatro se desarrolló una amplísima variedad de producciones, constituyéndose en sede de la *Antología de la Zarzuela*. Espectáculos musicales de distintas compañías y las producciones propias, como *Madrid, Madrid*, con Concha Márquez Piquer como protagonista. Y la gran producción de *Los Miserables*. Ambas tuvieron un enorme éxito.

El interés y celo en el trabajo bien hecho, y el no permitir un fallo que pusiese en riesgo una función, era algo que compartía con el sentir de Tamayo. Esa confianza en mí hizo que incentivase siempre mi entrega a toda tarea para no caer en errores que frustrasen la misma. Nuestro trato, más que el de un jefe y subordinada, era afectuoso y familiar.

Repasando todas estas producciones, con el manejo de personal técnico y artístico, material de decorados, vestuario, equipamiento técnico, etc... tan complejos, yo misma me sorprendo de que no se suspendiese una sola función por fallo computable a nuestra organización. ¿En qué radica este éxito? pues únicamente en el celo y fe puestos en el trabajo para que nada impida el éxito. Cuando las representaciones eran fuera de nuestro país, el peso de la organización caía en la empresa contratante, pero con el control y seguimiento de nuestra producción, estando en todo momento trabajando estrechamente entre las dos, aportando los datos técnicos del material de la compañía, personal técnico y artístico para los viajes; la ubicación en los hoteles de la compañía, el montaje en los teatros con la puntualidad del personal técnico y equipamiento de decorados, para el desarrollo de la representación. Esto es hacer un buen diseño de producción, donde haces todo el seguimiento, desde el diseño y realización de decorados, equipos de sonido, electricidad, etc que se precisen, al control de toda la compañía. Y el establecimiento de horarios de montaje en las salas, ensayos y representaciones, como es lógico controlando a todo el personal que compone la compañía.

Pero, si hay una emergencia que pueda poner en riesgo la representación prevista, no hay que rendirse y hacer todo lo imposible por superarla. Por ejemplo, lo que ocurrió cuando fuimos a Roma en el año Jubilar del 2000, cerrando justo los actos de ese evento la Compañía Lope de Vega con *El gran teatro del Mundo*. Estando ya en el autobús que nos llevaba al aeropuerto para tomar el avión a Roma, recibí una llamada telefónica que me decía que el camión con todo el material de decorados y equipos, estaba retenido en la frontera por huelga de transportes. En ese momento me quede petrificada sin saber cómo reaccionar, recibiendo una nueva llamada que me decía que siguiéramos al aeropuerto. Cuando llegamos a Roma, y ya instalados en los hoteles, delante de la tumba de

San Pedro pedía que el camión llegase a tiempo. Pero, por si acaso no, fui pensando qué podría hacerse para suplir esta eventualidad. Pensé que podríamos ir a un teatro de la ciudad y que nos alquilara material y así poder montar y hacer la representación. Finalmente, el camión llegó. Después el encargado de la Sala Pablo VI, nos dijo que teníamos que desmontar porque el Papa Juan Pablo II había decidido, debido al calor tan tremendo que hacía en la explanada del Vaticano, recibir a los peregrinos en la sala. Eso significaba tener que montar de nuevo y llegar antes del horario para la representación, cosa imposible porque no daría tiempo. Yo dije que no era posible, que un hombre amante del teatro, como ese Papa, no iba a consentir ese contratiempo. Confiando que en lo autorizada estuvimos esperando con la organización en la sala el desarrollo de la negociación con el Pontífice. Finalmente llegó un emisario que nos dijo que Su Santidad había decidido que de ninguna manera iba a permitir que unos trabajadores tuviesen que hacer ese esfuerzo, y que recibiría a los peregrinos con los decorados montados. Respirando tranquila me dije: otra vez un milagro. Por eso después, sentados en la casa de Tamayo, me dijo de pronto: 'lo de Roma ha sido un milagro', Y yo le contesté: 'efectivamente, no lo sabe usted bien'.

LONG LIVE SCOTLAN!

Por James Bartek

coordinador de giras internacionales

James Bartek con Tamayo ante el Old Vic Theatre de Londres. 1989.
Archivo de J. Bartek

Conocí a don José Tamayo en Colombia, en 1983. Yo trabajaba como asistente del maestro de ballet y coreógrafo Héctor Zaraspe, quien realizaba una encomienda de la UNESCO para dar clases allí. Don José acompañaba a su *Antología de la zarzuela* en una famosa gira de 6 meses por toda Hispanoamérica y EE.UU. Ambos se conocían y admiraban, así que, tras coincidir en Bogotá, Tamayo nos invitó generosamente a una de las representaciones. Ver aquel espectáculo por primera vez me dejó enormemente impresionado, aunque poco podía imaginar entonces que unos años más tarde estaría trabajando al lado de su reputado director como ayudante y coordinador de las posteriores giras internacionales que logró organizar para dicha *Antología*, en la que llegarían a colaborar las más grandes figuras españolas de la lírica: Pedro Lavirgen, Plácido Domingo, Victoria de los Ángeles, Alfredo Kraus, Montserrat Caballé y José Carreras.

Empecé mi andadura con la *Antología* en la gira de 1985 por varias ciudades USA cuyo principal aliciente fue el estreno con Plácido Domingo en el Madison Square Garden de Nueva York, donde mi trabajo incluía también la coordinación con el famoso productor norteamericano Mel Howard. Terminada dicha gira, Tamayo me ofreció continuar con los preparativos para las siguientes ¡en España!... Acepté y con una mezcla de incertidumbre y entusiasmo di el paso que, sin yo saberlo, cambiaría mi vida para siempre. Mi juventud y el desconocimiento absoluto del país al que llegaba debió tocar el corazón de mi nuevo jefe que generosamente me acogió en su casa los primeros días, hasta adaptarme a la situación y encontrar apartamento. Así, tuve el privilegio de conocer a diversos familiares, amigos y artistas españoles que visitaban a don José, pero sobre todo a dos personas excepcionales: su madre doña Pepa, "la abuela", granaína de pro, y su empleada Elena Martín. Ellas resultaron fundamentales para mí al recibirme con tanto cariño, sin reticencias, y mostrando desde el principio una familiaridad evocadora de mis raíces italianas que hizo perfectamente llevadero el inicio de aquella aventura europea. No debí resultarles muy molesto pues, llegado el día de mi marcha, tras la reserva en un aparthotel, doña Pepa, con su genio andaluz, sentenció rotunda: "tú no vas a ninguna parte, tú te quedas aquí". Y "aquí" pasaría los primeros años del resto de mi vida.

José Tamayo con su madre, doña Pepa. Archivo de J. Bartek

Debido al gran éxito de la *Antología,* tanto dentro como fuera de España, el ritmo de coordinación de las giras se complicó. Don José tuvo que viajar a muchos países para cerrar contrataciones y yo le acompañé varios años en esa tarea como ayudante personal y traductor. El espectáculo ideado por Tamayo para revitalizar la zarzuela en su país y darla a conocer al resto del mundo, fue siempre acogido entusiásticamente por todos los públicos en los cinco continentes. Un empeño titánico que hoy parece impensable, dadas las dimensiones técnicas y humanas de aquella compañía única: 80 personas por decenas de países y cientos de ciudades que exportaron la mejor *Marca España* durante 15 años. Tamayo no solo fue un gran director de teatro, sino también un gran gestor que con empuje, personalidad y persuasión, consiguió los apoyos económicos y estratégicos necesarios para desarrollar sus ideas. El anecdotario de mis años junto a él con la zarzuela sería interminable. Comentaré tres ejemplos.

El primero refleja el orgullo que sentía por su *Antología* y su don de gentes: disfrutaba saliendo a saludar al final de cada representación, siempre animado, sonriente y tenía por costumbre tras los aplausos agradecer la entrega del público con algunas palabras, generalmente en español, aunque a veces se atrevía a dar un toque más personal en el idioma local, ya fuera chino o italiano, para lo que buscábamos alguna expresión idónea que ensayaba previamente y yo, por si acaso, le escribía a modo de "chuleta" en su mano izquierda. Nunca he vuelto a escuchar a un público "bramar" de la manera que lo hizo el del *Playhouse Theater* de Edimburgo cuando Tamayo, tras su agradecimiento al Festival y a la ciudad gritó "¡Long Live Scotland!". Hasta los técnicos escoceses, alguno en su kilt, le abrazaron entusiasmados.

El segundo demuestra su instinto e inteligencia para hacer realidad un sueño: la creación de un centro como sede permanente en Madrid de su amada compañía de teatro lírico. Pensando y buscando posibles opciones, fijó su atención en el teatro Palacio del Progreso de la plaza de Tirso de Molina, como se narra en otro capítulo. Tamayo, sagaz como ninguno, tuvo clara la estrategia a seguir: preparar un excelente proyecto, contactar con la dirección bancaria y tratar de implicarla en el mismo para con su patrocinio, devolver a la zarzuela el esplendor perdido en su lugar de "exilio". Así, en junio de 1987, don José acudía con todos los datos de su propuesta a una cita decisiva con Pedro de Toledo, entonces presidente del BBV. Yo le acompañaba en el taxi, tan nervioso como él. Al llegar me dijo que le esperara en el coche y entró solo a la reunión. Pasados 20 minutos bajó, se metió en el taxi y partimos hacia el Palacio de la Zarzuela donde se nos esperaba, junto a otros miembros de la compañía, en una audiencia especial con SS.MM. los reyes Don Juan Carlos y Doña. Sofía. El silencio durante el camino me resultó aterrador. Aquel recibimiento, tan breve, no pintaba bien. No pude reprimir la curiosidad y tuve que preguntarle: ¿cómo ha ido todo? Nunca olvidaré su respuesta: "Lo que no se decide en cinco minutos, no merece la pena". Un mes más tarde, el Banco de Vizcaya firmaba el acuerdo de patrocinio para la renovación, puesta en marcha y funcionamiento del "Nuevo Apolo, Teatro musical de Madrid". El Nuevo Apolo se estrenó con la *Nueva Antología de la zarzuela* en diciembre de aquel año. El sueño se había hecho realidad. Sin embargo, la cabeza de don José seguía bullendo, excitada ante las posibilidades que el nuevo espacio ofrecía, donde muchos géneros de teatro musical tendrían cabida.

El tercer ejemplo, un nuevo reto, aparecía. Tamayo apreciaba especialmente los grandes musicales de Londres y Nueva York y aprovechábamos los viajes internacionales de la *Antología* para hacer escapadas y ver los títulos más famosos

Con unos espectadores españoles durante la gira de1988 por Alemania. Archivo de J. Bartek.

y otros no tan conocidos pero no menos interesantes. Disfrutamos de los elencos originales de *El Fantasma de la Ópera* y *Los Miserables,* sus preferidos. Estaba decidido: el próximo objetivo sería reintroducir en España el musical de gran formato con el montaje original pues, desde los tiempos de *Evita*, el género no había vuelto a presentarse aquí en las mejores condiciones. Comenzaron entonces los contactos y llamadas con los productores de los musicales arriba mencionados, respectivamente *Really Useful Group* y *Cameron Mackintosh Overseas Ltd.* Los primeros no vieron factible *El Fantasma* en España, dado que las dimensiones y capacidad del Nuevo Apolo no cubrían sus expectativas económicas. Cameron Mackintosh mostró mayor interés y viajó a Madrid. invitado por don José. para conocer el teatro, ver la *Antología* y valorar las posibilidades de colaboración. Quedó gratamente sorprendido con la calidad vocal, la pasión y el fervor de nuestros artistas. Un primer contacto positivo y esperanzador. Un paso en firme hacia el objetivo que ya se divisaba en el horizonte. Las conversaciones podían continuar y así lo hicieron durante el resto del año. Tras llegar a acuerdos sobre diversos aspectos de la producción, lo previsto era realizar el montaje, las audiciones para el reparto, la selección de músicos, personal de sastrería, peluquería y maquillaje y los ensayos durante 1990 para estrenar en 1991. Desgraciadamente, esta previsión resultó fallida y por múltiples motivos que sería largo explicar, el proyecto no pudo retomarse hasta 1992, cuando la mayoría de los implicados ya lo habían dado por perdido. Solo unos pocos, Tamayo el primero, confiamos y peleamos para tratar de salvar los escollos. Finalmente, en septiembre de 1992 se estrenaba en el Nuevo Apolo de Madrid la versión en español del magnífico musical *Los Miserables* coproducido por J. Tamayo, C. Mackintosh y P. Domingo. Atrás quedaban incontables horas de discusiones, desencuentros, reuniones, opiniones, proposiciones, egos y finalmente, soluciones. Se había realizado lo que parecía imposible. Otro sueño cumplido para Tamayo. Bien puede asegurarse que su tenacidad fue el punto de inflexión que reintrodujo en España el musical de gran formato, que hoy se mantiene.

Don José Tamayo Rivas marcó una época en la historia del teatro en España. Me siento profundamente agradecido por haberle conocido y disfrutado de su generosidad, sabiduría e ingenio. Fue un renovador, un grande de las tablas insuficientemente reconocido. Quise devolverle un poco de todo lo bueno que él me regaló solicitando y tramitando con el Ayuntamiento la placa conmemorativa que hoy puede verse en la fachada de su domicilio madrileño. Recordémosle siempre por su trabajo apasionado siguiendo el hermoso lema de su Compañía Lope de Vega: "Camina mejor quien va mirando las estrellas".

CRONOLOGÍA DE
JOSÉ TAMAYO

1920: *16 de agosto,* nace en Granada José Tamayo Rivas.

1922. *5 de noviembre,* nace Ramón Tamayo Rivas, único hermano de José.

1944. Crea el Teatro Universitario Lope de Vega, en Granada.

9 de junio, estrena *La vida es sueño* en el Palacio de Carlos V. Cayetano Luca de Tena, director honorario del nuevo teatro, supervisó el montaje.

29 de noviembre, estrena en el teatro Cervantes de Granada *Baile en Capitanía,* de Agustín de Foxá.

Diciembre, aparece el primer número de *Cuadernos de Teatro,* revista editada por el grupo Lope de Vega.

1945. *23 de enero,* estreno de *El divino impaciente,* de José María Pemán, en el marco de la Semana Misional.

13 de marzo, estreno de *María Estuardo,* de F. Schiller, en Granada.

1 de junio, estrena su primera versión de *Romeo y Julieta,* de Shakespeare, en el Palacio de Carlos V.

29 de diciembre, debut en el teatro Cervantes de Tánger con *Don Juan Tenorio,* de José Zorrilla, inicio de una breve gira por Marruecos.

1946. *12 de febrero,* estrena *Nuestra ciudad,* de Thorton Wilder, en el teatro Cervantes de Granada.

23 de junio, estrena por primera vez *El gran teatro del mundo,* de Calderón de la Barca, en la Plaza de las Pasiegas de Granada, con Asunción Balaguer y Maruchi Fresno. La entrada costaba 20 pesetas.

10 de octubre, presentación en el teatro Eslava de Valencia, de la Compañía Lope de Vega con *Romeo y Julieta.* Realizaron una temporada de dos meses.

Carlos Lemos en *La vida es sueño,* de Calderón de la Barca. Compañía Lope de Verga. 1947.

1947. *21 de noviembre*, se concede a la Compañía Lope de Vega el Premio Nacional Lope de Rueda, dotado con 40.000 pesetas.

1948. *21 de octubre*, se concede a la Compañía Lope de Vega el Premio Nacional Eduardo Marquina, dotado con 100.000 pesetas.

1949. *26 de octubre,* inicio de la gira americana, comenzando en el teatro Auditórium de La Habana. Permanecieron en el continente hasta el 21 de junio de 1951 actuando en Venezuela, Puerto Rico, República Dominicana, Colombia, Panamá y Costa Rica. Llevaban el lema *Teatro de España en América.*

1952. *16 de enero,* Tamayo estrena en España *La muerte de un viajante*, de Arthur Miller, en el teatro de La Comedia, con Carlos Lemos y Josefina Díaz como protagonistas. También aparecía Francisco Rabal.

21 de noviembre, se concede a la Compañía Lope de Vega un Premio Nacional dotado con 10.000 pesetas por la mejor plástica escénica.

1953. *14 de mayo,* la Compañía Lope de Vega representa *La cena del rey Baltasar*, de Calderón de la Barca, en el Vaticano.

1954. *15 de enero,* la Compañía Lope de Vega se establece en el Teatro Español, debutando con *Edipo*, de Sófocles.

8 de junio, estrena *La destrucción de Sagunto*, de Cervantes, en el teatro romano de esa ciudad, iniciando los grandes montajes en teatros al aire libre.

21 de diciembre, se concede el Premio Nacional de Teatro a la Compañía Lope de Vega por las campañas realizadas en Madrid y Barcelona. Estaba dotado con 100.000 pesetas.

1955.   *25 de enero,* estreno el teatro de La Zarzuela del musical *Al sur del Pacífico,* de Richard Rodgers y Oscar Hammerstein, primera dirección de Tamayo en el género. Se le puede considerar como introductor del gran musical en España.

1956.   José Tamayo es nombrado director del teatro Español de Madrid, cargo que ostentó hasta junio de 1962.

24 de octubre, reabre el madrileño teatro de la Zarzuela con *Doña Francisquita,* de Amadeo Vives, con la dirección escénica de José Tamayo.

1958. *2 de junio,* estrena *Doña Francisquita* en la Volksoper de Viena.

1959. *13 de abril,* presentación en el Círculo de Bellas Artes de Madrid de la nueva Compañía Lírica Amadeo Vives.

1961. *17 de junio,* estrena *Numancia,* de Cervantes, en el teatro romano de Mérida.

17 de noviembre, se inaugura el teatro Bellas Artes, de Madrid, con la obra *Divinas palabras,* de Valle Inclán, dirigida por Tamayo y protagonizada por Nati Mistral, Manuel Dicenta, Milagros Leal y Alberto de Mendoza.

1962. *22 de abril,* dirige en su teatro Bellas Artes *La dama del alba,* regreso de Alejandro Casona a España tras su exilio.

16 de octubre, estrena en el teatro Bellas Artes *Bodas de sangre,* su primer acercamiento al teatro de García Lorca.

El teatro Bellas Artes en 1961.

1964. *3 de julio,* estrena la opereta *Carnaval en Venecia,* de André Campra, en el estanque del Retiro, dentro de los Festivales de España. Un año después la representó en la Ciudadela de Barcelona. La repondría, en 1973, en el teatro de La Zarzuela.

1966. *15 de julio,* estreno en el Parque de la Ciudadela de Barcelona de la *Antología de la Zarzuela.* Participó el ballet de Pilar López.

6 de octubre, estreno en el teatro Bellas Artes de *Madre Coraje y sus hijos,* de Bertolt Brecht.

1968. *21 de junio,* una orden de Fraga Iribarne concede a la Compañía Lope de Vega participar en la I Campaña Nacional de Teatro, zona Sur. Ramón Tamayo aparece como empresario y José como director de escena. Durante dos meses representarán obras como *La vida es sueño, Don Juan Tenorio, Madre Coraje o Divinas palabras.* Volverían a participar en las dos campañas siguientes.

1970. *1 de octubre,* estreno en el teatro Principal de Valencia de *Luces de bohemia,* de Valle Inclán, el primer montaje comercial de esta obra.

1973. *4 de diciembre,* estreno en el teatro de La Zarzuela de la *Antología Serrano.*

1974. *3 de octubre,* dirige en el teatro Español la primera puesta en escena de *Tirano Banderas,* de Valle Inclán.

1976. *26 de septiembre,* afronta el montaje comercial de otra obra de Valle: *Los cuernos de don Friolera,* que se estrena en el teatro Bellas Artes.

1978. *21 de noviembre,* estreno de *Bodas que fueron famosas del Pingajo y la Fandanga,* de José María Rodríguez Méndez, con dirección de José Luis Gómez, primera producción del Centro Dramático Nacional en la sede asociada del teatro Bellas Artes.

1979. *21 de agosto,* estreno en la plaza de toros Monumental de las Ventas de la *Antología Viva de la Zarzuela.*

1980. *4 de marzo,* estrena como director, en el teatro Lara, *Contradanza,* una de las primeras obras que presentaba abiertamente el travestismo. Fue el debut de su autor, Francisco Ors.

3 de noviembre, dirige el espectáculo *Andalucía en pie,* con textos de Fernando Quiñones y escenografía de José Caballero.

1981. *9 de junio,* estrena en la sevillana plaza de toros de La Maestranza una espectacular versión en español de la ópera *Carmen,* de Bizet.

1982 *18 de septiembre,* estreno en el teatro Bellas Artes de *El sombrero de copa,* de Vital Aza, primera producción de Alcava, empresa a la que arrendó Tamayo el recinto, desvinculándose de él durante más de dos años.

1983. *13 de julio,* estreno en de la *Antología de la zarzuela* en el teatro Wolf Trap, al aire libre, en Washington.

17 de agosto, estreno de la *Antología de la zarzuela* en el Teatro Nacional de Santo Domingo. En aquella temporada vendió 45.000 localidades.

1987. *17 de diciembre,* José Tamayo consigue reabrir el viejo teatro Progreso, de Madrid, denominándolo Nuevo Apolo. Levanta el telón con la *Antología de la zarzuela 88.*

1991. *Julio,* se inaugura en el Palacio de los Fúcares, de Almagro una gran exposición antológica sobre los 50 años de actividad teatral de Tamayo. Se publicó un doble libro sobre esta efeméride.

27 de diciembre, el Consejo de Ministros le otorga la Medalla de Oro al Mérito en las Bellas Artes.

Escena de Los Miserables. Año 1992. Programa de mano

José Sancho en *Enrique IV*, de Pirandello. 2002. ©Daniel Alonso/CDAEM

1992.   *8 de junio,* recibe de manos de los Reyes de España la Medalla de Oro al Mérito en las Bellas Artes, correspondiente al año 1991.

16 de septiembre, José Tamayo estrena como productor la versión española del musical *Los Miserables,* de Claude-Michel Schönberg, en el Teatro Nuevo Apolo.

2000.   *24 de junio,* Tamayo y la Compañía Lope de Vega vuelven al Vaticano para representar *El gran teatro del mundo,* de Calderón de la Barca.

2002.   *31 de enero,* se repone en el teatro Bellas Artes *Enrique IV,* de Pirandello, el último montaje que dirigió Tamayo.

11 de abril, recibe en Valencia el premio Max de Honor.

2003.   *23 de marzo,* fallece en Madrid. Tenía 83 años.

2004   El ayuntamiento de Granada denomina Teatro José Tamayo a la sala del Centro Cívico de La Chana.

2008.   *22 de junio,* fallece Ramón Tamayo. Tenía 87 años.

FICHAS DE OBRAS

Figurines de José Miguel Ligero para *El diario de Ana Frank*. Año 2001.
(Archivo de J.M. Ligero)

Con motivo de la gran exposición antológica organizada en Almagro el año 1991, se publicó, en dos volúmenes, una completa historia de don José Tamayo y sus primeros cincuenta años de teatro. En el primero de los volúmenes aparece la relación completa de los montajes que había dirigido hasta ese momento. Nosotros completamos hoy esa relación con los espectáculos dirigidos en la década siguiente, hasta su muerte en el año 2003.

En esta última década de actividad, don José siguió revisando su obra anterior, llevando a la escena los títulos que consideró más importantes en su carrera y que no habían perdido vigencia: *Un tranvía llamado deseo, Luces Bohemia, Calígula, Doña Rosita la soltera, Enrique IV*... el gran repertorio universal puesto en pie con los actores de final del siglo XX. Llama la atención que bastantes de los actores, llamémosles de reparto, de estas últimas producciones, desaparecieron del panorama teatral tras la muerte del director. Siguió adentrándose en el género musical destacando, sobre todo, la traída a España de uno de los títulos más importantes en todo el mundo: *Los Miserables*. Y continuó con la *Antología de la zarzuela* -y la variante de *Antología andaluza*- casi hasta el final de sus días.

¡Madrid, Madrid! (musical)

Autor: José Tamayo

Artistas: Mary Carmen Ramírez, Concha Márquez Piquer, Ricardo Losada ‹El Yunque›, Maruja Díaz, María Olga Piñeros, Juan Ramón, Eva Diago.

Escenografía: Carlos Ferrer y Pedro Moreno

Coreografía: Ricardo Ferrante

Dirección musical: Gregorio García Segura

Dirección: José Tamayo

Estreno: 1-4-1992, Teatro Nuevo Apolo

Antología de la zarzuela. 25 años

Varios autores. Principales intérpretes.

Actores: Francisco Castellano, Pedro Lavirgen. Rafael Lledó, Ricardo Muñiz, Enrique R. del Portal.

Actrices: Carmen Aparicio, Josefina Arregui, Ascensión González, Milagros Martín, María Mérida, Aurora Virto.

Ballet Antología de María del Sol y Mario de la Vega.

Escenografía: Gil Parrondo.

Coreografía: Alberto Lorca.

Dirección Musical: Francisco Navarro.

Dirección de escena: José Tamayo.

Estreno: 1992. Nuevo Apolo.

Antología andaluza

Varios autores y compositores. Principales intérpretes.

Actores: Antonio Adame, Ángel Cárdenas, Antonio Ramallo

Actrices: Josefina Arregui, Ascensión González, Milagros Martín, María Mérida, María Rodríguez

Ballet Antología de María del Sol y Mario de la Vega

Escenografía: Gil Parrondo y Pedro Moreno

Coreografía: Alberto Lorca

Dirección Musical: Dolores Marco

Dirección de escena: José Tamayo

Estreno: 5-5-1992, Teatro de la Cartuja, Sevilla

Los Miserables (musical)

Libro: Bouolil y Natel

Música: Claude Michael Schönberg

Actores: Luis Amando, Joan Crosas, Miguel del Arco, Enrique del Portal, Francisco Lahoz, Carlos Marín, Pedro Ruy Blas

Actrices: Estrella Blanco, Gema Castaño, Eva Diago, Amelia Font, Margarita Marbán, Ángela Muro, Luisa Torres

Escenografía: John Napier

Dirección musical: Juan García Caffi

Dirección: Ken Caswell

Estreno: 16- 9-1992, Teatro Nuevo Apolo

(Incluimos este montaje, aunque no figure en la dirección de escena, porque fue un trabajo suyo, sobre todo. Las condiciones contractuales con los poseedores de los derechos obligaban a la contratación de profesionales aportados por los coproductores)

Un tranvía llamado deseo

Autor: Tennessee Williams

Adaptación: Enrique Llovet

Actores: Manuel Arias, Manuel Brun, Jacobo Dicenta. Abel Folk (Pedro Mari Sánchez); Alberto Jiménez, Leandro Rey

Actrices: Maruja Carrasco, Natalia Dicenta, Natalia Duarte, Ana Marzoa, Esperanza Obono

Escenografía: Gil Parrondo

Dirección: José Tamayo

Estreno: 30-9-1993, Teatro Bellas Artes

Calígula

Autor: Albert Camus

Adaptación: J. Escué Porta

Actores: Ángel Aguirre, José Luis Alonso, Manuel Arias, Manuel Brun, Jesús Cisneros, Gonzalo de Castro, Jacobo Dicenta, Benito García, Fabio León, Miguel Mateo, Luis Merlo, Andrés Resino, César Sánchez, Pedro María Sánchez

Actrices: Raquel Pérez Puerto, María Jesús Sirvent

Escenografía: Pedro Moreno
Dirección: José Tamayo
Estreno: 21-4-1994, Teatro
Bellas Artes

Doña Francisquita

Música: Amadeo Vives
Libro: Romero y Fernández
Shaw
Principales artistas. *Actores*:
Tomás Álvarez, Enrique
del Portal, Carmelo Peña,
Antonio Ramallo, Ángel
Roger
Actrices: Yolanda Auyanet,
Ascensión González, Mila-
gros Martín, Carmen Rossi
Escenografía: Ángel Colomina
Coreografía: Alberto Lorca
Dirección musical: Jorge Rubio
Dirección de escena: José Tamayo
Estreno: 17-10-1995, Nuevo
Apolo

Luces de bohemia

Autor: Ramón María del Va-
lle Inclán
Actores: Ángel Aguirre, José
Albiach, Manuel Arias,
Carlos Ballesteros, Manuel
Brun, Roberto Correcher,
Manuel de Blas, Ignacio
de Paz, Miguel Delgado,
Jacobo Dicenta, José Her-
vás, Eduardo Mac Gregor,
Manuel Navarro, Ramón
Quesada, Antonio Rosa
Actrices: Carmen Arévalo,
Belén Chanes, Natalia
Duarte, Aurora Frías, Ana
Malaver
Escenografía: Pere Francesch
Dirección: José Tamayo
Estreno: 10-10-1996, Teatro
Bellas Artes

Antología de la zarzuela 97

Varios autores
Principales artistas. *Acto-
res*: Antonio Adame, Ángel
Cárdenas, Vicente Esteve,
José Antonio Higuera, An-
tonio Ramallo
Actrices: Thais de la Guerra,
Ascensión González, Lau-
ra Rizzo
Escenografía: Francisco Borrás
Dirección musical: José Anto-
nio Torres
Dirección de escena: José Ta-
mayo
Estreno: 19-3-1997, Teatro
Apolo de Barcelona

Doña Rosita la soltera

Autor: Federico García Lorca

Actores: Carlos Álvarez-Novoa, José Gisbert, Emilio Marco, Pablo Rojas, José Segura

Actrices: Raquel Arenas, Mary Begoña, Patricia García, Isabel Gaudí, Cristina Goyanes, Silvia Marsó, Julia Martínez, Luz Nicolás, Carmen Rossi

Escenografía: Pedro Moreno

Dirección: José Tamayo

Estreno: 25-3-1998, Teatro Bellas Artes

El gran teatro del mundo

Autor: Pedro Calderón de la Barca

Música: Antón García Abril

Actores: Francisco Casares, Manuel de Blas, Ramón de la Peña, José Hervás. Manuel Navarro, Pedro Mari Sánchez, Francisco Valladares

Actrices: Marisa de Leza, Aurora Frías

Coral Polifónica de Madrid dirigida por Antonio Bautista.

Escenografía: Gil Parrondo

Dirección: José Tamayo

Estreno: 10-6-1998, basílica de San Francisco el Grande de Madrid

Divinas palabras

Autor: Ramón María del Valle Inclán

Actores: Ángel Aguirre, Víctor Benedé, Fernando Cabrera, Emilio Cora, Miguel Delgado, José Antonio Gamo, José Hervás, Francisco Hidalgo, Cipriano Lodosa, Juan Antonio Quintana, César Sánchez, Pedro Mari Sánchez, Jorge Valenty, Gustavo Vilariño

Actrices: Carmen Arévalo, Yolanda Ayllón, Alicia Hermida, Eva Higueras, Kiti Manver, Trinidad Rugero, Marisa Segovia, Ana Lucía Villate

Escenografía: José Lucas

Dirección: José Tamayo

Estreno: 25-11-1998, Teatro Bellas Artes

Los intereses creados

Autor: Jacinto Benavente

Actores: Daniel Martín, Manuel Pereiro, Jorge Riquelme, Pepe Rubio, César Sánchez, Marco Saúco, José Segura, Carlos Torrente

Actrices: Mary Begoña, Julia Martínez, Luz Nicolás, Antonia Paso, Virginia Soto, Abigail Tomey

Escenografía: José Lucas

Dirección: José Tamayo

Estreno: 29-10-1999, Teatro Bellas Artes

El diario de Ana Frank

Autores: Goodrich y Hackett

Adaptación: Juan José de Arteche

Actores: Vicente Gisbert, José Hervás, José Rubio, César Sánchez, Marco Sauco

Actrices: Mara Goyanes, Lola Manzanares, Julia Martínez, Carmen Martínez Galiana, Marisa Segovia

Escenografía: Gil Parrondo

Dirección: José Tamayo

Estreno: Teatro Bellas Artes, 22-1-2001

Enrique IV

Autor: Luigi Pirandello

Versión: Enrique Llovet

Actores: Gabriel Cuesta, Jordi Cadellans, Íñigo de la Iglesia, Álvaro García, Rafael Higuera, Marcos Janús, Juan Lombardero, Fernando Otero, Francisco Piquer, Antonio Ramallo, José Sancho

Actrices: Marisa de Leza, Bárbara Lluch

Escenografía: Pedro Moreno y Javier Roselló

Dirección: José Tamayo

Reestreno: 31-1-2002, Teatro Bellas Artes (último montaje)

ÍNDICE ONOMÁSTICO /
BIBLIOGRAFÍA BÁSICA

El diario de Ana Frank, de Goodrich y Hackett. Teatro Bellas Artes. 2001.
©Daniel Alonso/CDAEM

ÍNDICE ONOMÁSTICO

Albee, Edward, 79

Alonso, José Luis, 37, 38, 56, 69

Alonso, Justo, 39

Alonso de Santos, José Luis, 70

Amengual, Antonio, 12, 41, 47, 51, 86, 92, 95

Arregui, Josefina, 88

Balaguer, Asunción, 70, 133

Ballesteros, Carlos, 26, 77

Barteck, James, 123

Bautista, Aurora, 55

Behan, Brendan, 115

Benedicto, Sonsoles, 12, 29, 33, 77

Blake, Ivone, 100

Blanch, Jaime, 115

Brecht, Bertolt, 36, 55, 63, 79

Brisville, Jean Claude, 79

Brook, Peter, 52

Bruguera, José, 35

Buero Vallejo, Antonio, 25, 79

Burgos, Emilio, 34, 58

Caballé, Montserrat, 48, 82, 124

Caballero, José, 139

Cadenas, José Juan, 73

Calvo Sotelo, Joaquín, 76, 115

Campos, José Antonio, 58

Camus, Albert, 79, 116

Candoni, Luigi, 116

Carandell, Josep Maria, 56

Carreras, José, 48, 124

Carrillo, Mary, 70, 72

Casona, Alejandro, 137

Castellanos, María Luisa, 48, 106

Castro, Antonio, 12, 29, 69

Cimarro, Jesús, 12, 13, 17, 79

Collado, Fernando, 41

Collado, Manuel, 15, 118

Corencia, Antonio, 93, 94, 107

Cornejo, Enrique, 58

Cortezo, Víctor María, 34, 58, 70

Criado, Társila, 70

Cuervo, Gemma, 25

Chapí, Ruperto, 103

Chejov, Anton, 79

De Foxá, Agustín, 133

De la Hoz, Enrique, 74

De la Torre, Claudio, 73

De los Ángeles, Victoria, 88, 124

Del Portal, Enrique, 12, 41, 47, 50, 51, 94

De Mendoza, Alberto, 31, 137

De Rojas, Fernando, 79, 80

De Toledo, Pedro, 126

Deus, Joaquín, 86

Díaz, Josefina, 135

Díaz Merat, Antonio,51, 93, 94

Dicenta, Manuel, 30, 70, 77, 137

Diego, Juan, 61, 62

Domingo, Plácido, 49, 50, 67, 74, 82, 88, 107, 119, 124

Escobar, Luis, 69, 73, 75

Espert, Nuria, 84

Fernández Montesinos, Ángel, 99

Ferrer, Enrique, 106

Font, José, 91

Font, María Dolores, 91

Fraga Iribarne, Manuel, 66, 138

Fresno, Maruchi, 133

Frisch, Max, 36

Galiana, Manuel, 56

Gallego Burín, Antonio, 35, 65

Gámez, Celia, 73

García Abril, Antón, 110

García Lorca, Federico, 55, 71, 79

García Moreno, Ángel, 116

Gardner, Herb, 38

Gil, Rafael, 55

Gómez, José Luis, 78, 84, 139

González, Agustín, 56, 113

González, Carmen, 59

González Vergel, Alberto, 69

Gorki, Máximo, 79

Goyanes, María José, 118

Guerrero, Jacinto, 43, 92

Guillen, Fernando, 25, 54, 55

Guillen Cuervo, Cayetana, 15, 17

Guillen Cuervo, Natalia, 12, 25, 42

Gutiérrez Tamayo, Mariana, 86

Hammerstein, Oscar, 73, 136

Higueras, Modesto, 69

Hipólito, Carlos, 110

Hisado, Lola, 117

Hormigón, Juan Antonio, 116

Isbert, María, 99, 100

Kabaivanska, Raina, 88

Kesselring, Joseph, 100

Kraus, Alfredo, 52, 88, 94, 95, 101, 124

Kremel, Joaquín, 100

Lavirgen, Pedro, 48, 124

Leal, Milagros, 77, 137

Lemos, Carlos, 72, 134, 135

Loperena, José María, 115

López, Pilar, 138

López Lagar, Carmen, 77

Lorca, Alberto, 52, 94

Loyola, Javier, 77

Luca de Tena, Cayetano, 69, 133

Llovet, Enrique, 63

Mackintosh, Cameron, 49, 74, 107, 128

Mánver, Kiti, 37, 78

Marbán, Margarita, 105

Marco, Dolores, 51, 91

Marín, Carlos, 49

Márquez Piquer, Concha, 119

Marsillach, Adolfo, 15, 84, 85, 119

Marsó, Silvia, 109

Martín, Elena, 124

Martín, Milagros, 101

Martín Recuerda, José, 59, 63, 114

Maura, Carmen, 115

Mayorga, Juan, 79

Medina, Antonio, 29, 33, 77

Merlo, Luis, 116

Meseguer, Juan, 113

Millar, Ronald, 79

Miller, Arthur, 27, 36, 53, 55, 113, 135

Mira, Magüi, 116

Mistral, Nati, 31, 73, 77, 137

Morales, Julio, 12, 87, 88

Moreno Buendía, Manuel, 81

Moreno Torroba, Federico, 47

Morera, José María, 116

Morgan, Lina, 79

Mudarra, Francisco, 60

Muñoz, Alfonso, 70, 72

Narros, Miguel, 69

Navarro, Félix, 100

Neville, Edgar, 57

Oliva, César, 12, 13, 17, 53, 58, 114, 115, 116

Oliveda, María Luisa, 55

Olmo, Lauro, 56

Ors, Francisco, 139

Osuna, José, 25, 69

Palacios, Antonio, 80

Parrondo, Gil, 100

Perera, José, 52

Pérez de la Ossa, Huberto, 73

Pérez Puig, Gustavo, 69

Pirandello, Luigi, 26, 83

Quintana, Juan Antonio, 78

Quiñones, Fernando, 139

Rabal, Francisco, 38, 55, 68, 70, 72, 135

Ramallo, Antonio, 51, 93, 94, 103

Ramírez, Mari Carmen, 102

Redondo, Aurora, 100

Rico, Paquita, 55

Rodero, José María, 114, 118

Rodgers, Richard, 73, 136

Rodríguez, María, 12, 87, 88

Rodríguez Méndez, José María, 79, 139

Rovira Veleta, Francisco, 55

Rubio, José, 56

Rubio Argüelles, Ángeles, 57

Ruiz Gallardón, José María, 76

Sagi, Emilio, 85

Sagi Vela, Luis, 73

Sánchez, Pedro María, 29, 33, 37, 67, 78, 116

Sancho, José, 141

Sancho Sterling, José, 31

Saura, Francisco, 51

Schiller, Friedrich, 133

Schönberg, Claude-Michel, 141

Seoane, Juan José, 91, 95, 118

Sthole, María Celsa, 15, 21, 86

Tamayo, Celsa, 12, 21, 86, 87

Tamayo, José Luis, 22, 85, 86

Tamayo, Ramón, 13, 31, 84, 86, 133, 138, 142

Tébar, Juan, 94

Terol, Pedro, 62

Ulloa, Alejandro, 56

Valladares, Francisco, 36, 72, 100

Valle Inclán, Carlos, 58

Valle Inclán, Ramón, 30, 38, 57, 62, 75, 79

Velasco, Concha, 100

Vico, Antonio, 81

Viudes, Vicente, 77

Vives, Amadeo, 136

Wilder, Thorton, 133

Williams, Tennesseee, 38

Xirgu, Margarita, 71

Zaraspe, Héctor, 123

Bibliografía básica

Teatro de España en América. Compañía Lope de Vega.
Dirección y confección: F. Gil Tovar
Dibujos: Vicente Viudes, Gil Tovar Stephane, Rivera
Hijos de Heraclio Fournier, Vitoria, 1951

25 años de teatro en España. José Tamayo, director
Fotos: Juan Gyenes
Textos: Enrique Ruiz García y Antonio Fernández Cid
Planeta, 1971

50 años de teatro: José Tamayo (1941-1991)
Dirección: Andrés Peláez
Instituto de las Artes Escénicas y de la Música. Festival de
Almagro
Artes Gráficas Luis Pérez, Madrid, 1991

Teatros nuevos y recuperados de Madrid
Antonio Castro Jiménez
CEIM, Madrid, 2004

Colaboran con la Academia

CultureXperience
CaixaBank

PENTACION
ESPECTÁCULOS

Resumen

- "Vivo, pero ya no vivo yo, **es Cristo quien vive en mí**" (*Ga* 2, 20).

  – Ser en Cristo es ser en plenitud, es alcanzar mi vocación última, mi mejor versión a través de la gracia divina. La identificación con Cristo implica una vida de donación total al Padre y a los demás, viviendo en referencia al amor y sacrificio de Cristo.

  – La nueva vida que se nos da en Cristo supone una nueva dinámica de la existencia. Es esta la verdadera novedad del Evangelio: el don de la comunión con Él, que da a nuestro ser un nuevo fundamento: su propia vida.

  – Ser cristiano es ante todo un don, pero se desarrolla en la dinámica del vivir y del poner en práctica el don. La gracia no reemplaza nuestra naturaleza, sino que la transforma desde dentro, purificándola, elevándola y transfigurándola. La acción del Espíritu Santo va transfigurando, divinizando nuestro corazón. La vida de la gracia implica una colaboración personal con el don divino, un dejar hacer, de modo que en nuestro obrar humano se manifieste el obrar divino.

- La gracia inhiere en el ser, transformándonos en nuevas criaturas, que pueden obrar al modo sobrenatural. Las **virtudes sobrenaturales** son manifestación de esa vida divina de la que participo por la gracia:

- Por la fe, mi propio pensamiento participa del pensamiento de Jesús, «el hombre participa del conocimiento divino por la virtud de la fe» (Santo Tomás). Así, la realidad objetiva de la fe es luz potente que no proviene de nosotros y que supone ampliación del intelecto.

- La esperanza sobrenatural es certeza de que de Dios mismo voy a obtener la vida eterna en plenitud, vida eterna que poseo en germen aquí por la gracia.

- Por la caridad, «mi facultad volitiva participa del amor divino» (Santo Tomás). La caridad es amar a Dios y al prójimo con el mismo amor de Dios. La caridad nos hace partícipes de la vida íntima de Dios y de su amor, siendo Él mismo su fuente y motor.

- **Caminos ordinarios y extraordinarios de la gracia:**

  - «Dios desea que todos los hombres se salven y lleguen al conocimiento de la verdad» (*1 Tm* 2, 4). La maravilla del proyecto de gracia no está reservado a unos pocos, pues la voluntad salvífica de Dios es universal. Esta voluntad no es solo un deseo, sino que ha sido realizada a través de Cristo. Cristo ha muerto por todos y ofrece salvación a todos.

  - Por eso la mediación en Cristo es única: solo a través de Cristo los hombres pueden alcanzar la salvación, Él es el único mediador entre Dios y los hombres.

  - La redención obrada por Cristo es suficiente y sobreabundante, pero requiere del concurso de la libertad de cada hombre para que le sea aplicada y en Él encuentre su salvación.

  - Esta salvación nos llega, ordinariamente, a través de la Iglesia y de los sacramentos. Pero no solo. También existen caminos extraordinarios donde la gracia actúa invisiblemente en los corazones de los hombres. El Espíritu Santo ofrece a todos la posibilidad de unirse al misterio pascual de Cristo, incluso fuera de los cauces visibles de la Iglesia.

EPÍLOGO
ALÉGRATE, LLENA DE GRACIA

Ave María

Empezamos el libro con Eva, terminamos con María, la llena de gracia. Sin Ella, nada de lo dicho hasta aquí sería, sin Ella no tendríamos a Cristo, no seríamos hijos del Padre, sin Ella no habría gracia, sin Ella, nada. La *Cantiga de Santa María número 60* del rey Alfonso X el Sabio (s. XIII) glosa todas las maravillas que nos fueron arrebatadas por el pecado de Eva y que nos han venido con María (Ave), por eso, dice Alfonso X, «entre Ave y Eva gran diferencia hay; porque Eva nos quitó el Paraíso y a Dios, y Ave nos metió allí; Eva nos arrojó en la prisión del demonio y Ave nos sacó; Eva nos hizo perder el amor y el bien de Dios y, después, Ave nos lo hizo recuperar; Eva nos cerró el cielo sin llave y María rompió las puertas con "Ave". Por eso, amigo, entre Ave y Eva, gran diferencia hay». La misma diferencia que hay entre vivir en pecado y vivir en gracia, porque «nada hay mejor en el mundo que estar en gracia de Dios» (*Camino,* 236). El proyecto trinitario de gracia se ha realizado *por* María y *en* María plenamente.

El Concilio Vaticano II recoge también esta idea en la Constitución Dogmática *Lumen Gentium*, destacando la aceptación libre de María al plan de Dios, frente a aquel rechazo de Eva: «Pero el Padre de la misericordia quiso que precediera a la encarnación la aceptación de la Madre predestinada, para que, de esta manera, así como la mujer contribuyó a la muerte, también la mujer contribuyese a la vida. Lo cual se cumple de modo eminentísimo en la Madre de Jesús por haber dado al mundo la Vida misma que renueva todas las cosas y por haber sido adornada por Dios con los dones dignos de un oficio tan grande» (n. 56).

Llena eres de gracia

El Ángel Gabriel se dirige a María llamándola «llena de gracia». Ella es la primera criatura justificada, redimida y colmada de gracia «de modo eminente, en previsión de los méritos de su Hijo» (*LG* 53). Concebida sin pecado, es hija predilecta de Dios Padre, su alma es el templo más perfecto y digno que ha tenido el Espíritu Santo en criatura alguna, y estando «unida a Cristo con un vínculo estrecho e indisoluble, está enriquecida con la suma prerrogativa y dignidad de ser la Madre de Dios Hijo» (Ídem). Su identificación con Cristo es total y perfecta, su Corazón Dulcísimo es uno con el Sagrado Corazón de Cristo. Laten al unísono.

Así, «con el don de una gracia tan extraordinaria aventaja con creces a todas las otras criaturas, celestiales y terrenas, pero a la vez está unida, en la estirpe de Adán, con todos los hombres» (Ídem). La plenitud de gracia en María ha llevado a plenitud su humanidad, su feminidad. Por eso es «**bendita** entre todas las mujeres», Ella es la mujer que ha alcanzado la máxima felicidad que puede disfrutarse en la tierra, pues su unión con la Trinidad era total. Es la mujer perfecta, modelo de hija y de madre, de virgen y de esposa.

Ruega por nosotros, pecadores

Todas y cada una de las gracias nos vienen de manos de María. De igual modo que la única verdadera Gracia, fuente de todas ellas, que es Cristo, nos vino por Ella; todas las gracias derramadas por sus méritos nos llegan por sus manos maternales. Ella es *mediadora* de todas las gracias. La mediación universal de María no compite con la única mediación de Cristo; si María es «madre en el orden de la gracia», es porque Ella «cooperó en forma enteramente impar a la obra del Salvador con la obediencia, la fe, la esperanza y la ardiente caridad con el fin de restaurar la vida sobrenatural de las almas» (*LG* 61). Cristo es el único Redentor y Mediador, María es corredentora y mediadora en virtud de la única mediación de Cristo. Decir que María es mediadora de todas las gracias no es negar en nada la única y universal mediación de Jesucristo, sino afirmar su Maternidad Divina y su maternidad de todos los hombres. Dice san Juan Pablo II que su mediación «está íntimamente unida a su maternidad y posee un carácter específicamente materno que la distingue del de las demás criaturas» (*Redemptoris Mater*, n. 38).

Su mediación universal está subordinada a la de Cristo pues, como explica el Concilio, «todo el influjo salvífico de la Santísima Virgen sobre los hombres no dimana de una necesidad ineludible, sino del divino beneplácito y de la superabundancia de los méritos de Cristo; se apoya en la mediación de este, depende totalmente de ella y de la misma saca todo su poder. Y, lejos de impedir la unión inmediata de los creyentes con Cristo, la fomenta» (*LG* 60). María es mediadora porque nos une siempre, una y otra vez, a Cristo, fuente de gracia. «A Jesús siempre se va y se "vuelve" por María» (San Josemaría Escrivá, *Camino*, 495).

Ella es la omnipotencia suplicante, *omnipotentia suplex*, la que todo lo puede con su poderosa intercesión, pues su Hijo nada niega a su Madre. Su mediación es intercesión continua ante el Padre, por todos sus hijos, y así, María «continúa procurándonos con su múltiple intercesión los dones de la salvación eterna» (*LG* 62). Hasta el final de los tiempos, María obtendrá, con su intercesión, todas las gracias a todos los hombres. Ella es Puerta del Cielo, *Iánua caeli*, camino seguro y directo a la comunión plena con la Trinidad. Y Ella sea, quizá, el camino *extraordinario* de la gracia por excelencia, pues de su mano, muchísimas más almas de las que *debieran* alcanzan la gloria eterna.

Bibliografía

ALGUNOS MANUALES

- Luis F. Ladaria, *Teología del pecado original y de la gracia* (BAC, 2023).

  [Es un manual muy completo, que, con un marcado cristocentrismo, aborda cada tema siguiendo siempre el siguiente esquema: estudio escriturístico, estudio histórico y estudio sistemático].

- Juan L. Lorda, *La gracia de Dios* (Palabra, 2019).

  [Partiendo del misterio de la salvación como misterio de gracia, en la segunda parte se explica la inhabitación del Espíritu Santo y sus efectos. La tercera se dedica a la renovación interior del hombre, y en la cuarta y última se estudia la relación entre la acción de Dios y la acción humana (gracia y libertad), desde la perspectiva de la caridad].

PARA PROFUNDIZAR

- Joseph Ratzinger, *Creación y pecado* (EUNSA, 2005). [En la cuarta y última catequesis, el Cardenal Ratzinger interpreta el capítulo tercero del Génesis (pecado original), combinando la altura teológica y a cercanía pastoral].

● Fernando Ocáriz, capítulos III, IV, V, VI y IX del libro *Naturaleza, gracia y gloria* (EUNSA, 2001). [El libro recoge una serie de artículos publicados por el autor en los que aborda los misterios de la participación del hombre en la vida trinitaria. La perspectiva metafísica confiere al análisis un rigor y una profundidad a la que vale la pena acercarse].

● Catequesis de san Juan Pablo II sobre el pecado original. [Catorce catequesis, la primera el 13 de agosto de 1986 y la última el 17 de diciembre de ese mismo año. Juan Pablo II expone de modo claro y breve cada una de las verdades de la doctrina católica del pecado original y sus consecuencias].

● Paul O'Callaghan, *È Dio che ti anticipa. Una breve narrativa della vita della grazia divina* (Edizioni Cantagalli, 2013). [El libro da una visión de conjunto, breve y clara, de la enseñanza de la Iglesia sobre la gracia y la actuación de Dios en la vida del hombre].

● Jutta Burggraf, del libro *Conocerse y comprenderse. Introducción al ecumenismo* (RIALP, 2003), el capítulo 1 (la reforma luterana) de la parte tercera. [Para conocer el origen y desarrollo del luteranismo. Este capítulo expone con sencillez, precisión y ecuanimidad la realidad histórica, teológica y ecuménica del luteranismo].

● Declaración *Dominus Iesus*, de la Congregación para la Doctrina de la Fe, sobre la unicidad y la universalidad salvífica de Jesucristo y la Iglesia (6 de agosto de 2000). [Para profundizar en la unicidad de la mediación universal de Cristo en la redención y en la compatibilidad de esta verdad con la existencia de otras religiones].

Colección completa

UN CAMINO POR DESCUBRIR
Introducción a la Teología
Fulgencio Espa Feced

**LA PEREGRINACIÓN
DE LA GRACIA**
Moral Fundamental
José Manuel Horcajo

TODO HABLA DE ÉL
Cristología
Fulgencio Espa Feced

LA GRAMÁTICA DE DIOS
Introdución a la Sagrada Escritura
Sonia Ortega

CRÓNICA DE UNA ALIANZA
Antiguo Testamento
Antonio de la Torre

LA PROMESA CUMPLIDA
Nuevo Testamento
Tomás Olabarri

SEÑALES DE DIOS
Teología Fundamental
Antonio Fernández

EL OBRAR DE DIOS
*Liturgia e introducción a los
sacramentos*
Marcos Torres

SEMEJANTES A DIOS
Teología espiritual
Marcos Torres

EL REINO DE DIOS Y SU JUSTICIA
El derecho de la Iglesia
Nicolás Álvarez de las Asturias

AGUAS PROFUNDAS
Los 7 sacramentos
Miguel Forcada

UNA VIDA LOGRADA
Moral de la Persona
José Luis Méndez y Juan Barbeito

COMO EL ALMA DEL MUNDO
*Moral Social y Doctrina Social
de la Iglesia*
Gregorio Guitián

UNA ANCIANA MUY JOVEN
Historia de la Iglesia
Gonzalo Barbed

DE MADRE A DISCÍPULA
Introducción a la Mariología
Fernando del Moral Acha

EL CAMINO DEL MAR
Dios Uno y Trino
Antonio de la Torre Munilla

CREADOS A SU IMAGEN
Antropología Teológica I
Isabel Saiz Ros

RECREADOS POR LA GRACIA
Antropología Teológica II
Isabel Saiz Ros

UN PASEO POR OTRO MUNDO
Escatología
Miguel Forcada

UNA BARCA PARA EL CIELO
Eclesiología
Antonio Fernández Velasco

Mantente actualizado/a